作者简介

梅　红　西安交通大学副教授，工学学士、教育学硕士、管理学博士。曾赴美国佛罗里达州立大学教育学院，新加坡国立大学教育研究院访问交流。主要从事教育管理与公共政策研究，主持国家自然科学基金项目3项，发表中英文论文四十余篇，出版参与图书8部。

宋晓平　西安交通大学教授，博导。历任西安交通大学研究生院院长，西安交通大学副校长。曾任全国学位与研究生教育学会常务理事，全国MPA专业学位教育指导委员会委员；陕西省学位与研究生教育学会会长；全国第二届学位与研究生教育评估委员会副主任委员。现任全国第三届学位与研究生教育评估委员会副主任委员。

本书得到国家自然科学基金项目（71103142,71550001）；
西安市科技计划项目（HJ1109-2）；
西安交通大学人文社会科学学术著作出版基金资助。

大学生创业教育调查报告

梅 红 宋晓平／著

中国社会出版社
国家一级出版社 全国百佳图书出版单位

图书在版编目（CIP）数据

大学生创业教育调查报告 / 梅红，宋晓平著. -- 北京：中国社会出版社，2016. 11

ISBN 978 - 7 - 5087 - 5481 - 9

Ⅰ. ①大… Ⅱ. ①梅…②宋… Ⅲ. ①大学生—创业—调查研究—研究报告—中国 Ⅳ. ①G647. 38

中国版本图书馆 CIP 数据核字（2016）第 257319 号

书　　名： 大学生创业教育调查报告

著　　者： 梅　红　宋晓平

出 版 人： 浦善新

终 审 人： 李　浩

责任编辑： 姜婷婷　陈贵红　　**责任校对：** 朱文静

出版发行： 中国社会出版社　　**邮政编码：** 100032

通联方法： 北京市西城区二龙路甲 33 号

电　　话： 编辑部：（010）58124828

邮购部：（010）58124848

销售部：（010）58124845

传　真：（010）58124856

网　　址： www. shcbs. com. cm

shcbs. mca. gov. cn

经　　销： 各地新华书店

中国社会出版社天猫旗舰店

印刷装订： 北京天正元印务有限公司

开　　本： 170mm × 240mm　1/16

印　　张： 13

字　　数： 157 千字

版　　次： 2017 年 1 月第 1 版

印　　次： 2017 年 1 月第 1 次印刷

定　　价： 68. 00 元

中国社会出版社微信公众号

前　言

鼓励大学生创新创业不仅能够有效缓解大学生就业压力，更是实现创新型国家建设、促进经济发展的重要支撑。2008年开始，中国政府密集出台了一系列创业优惠政策，提供灵活多样的扶持政策与融资渠道，鼓励和帮助大学生进行创新创业。但同一时期，大学生的就业创业情况不容乐观，仅有4%的大学生倾向于选择创业，创业成功率更令人担忧。为改善这一状况，高等院校也积极开展了一系列创新与创业教育活动，例如从2002年教育部确立清华大学、西安交通大学等九所院校进行创业教育试点，至2012年，教育部要求所有高校均应面向全体大学生开设“创业基础”必修课程，高等院校创业教育的广度和深度都发生了明显变化，本书即是在此背景下展开的调查研究。

作者依托国家自然科学基金项目资助，自2011年开始以陕西省高等院校的创业教育实施情况为基础进行了系列研究，调查发现高校的创业教育已经取得了一些可喜的成绩，例如：形式多样的高校创业教育活动已为大学生所了解，调查中分别有84.1%和88.6%的大学生均接受过不同程度的创业课程教育和实践教育；大学生对从事创业活动已经有比较理性的认识，73.9%的大学生已认识到开展创业教育并不是简单地鼓励大学生“毕业即创业”；参与社团活动较频繁的大学生更容易形成并表现出较高的创业意愿。研究还发现:大学生参与创业教育程度越高,创业决策自我效能感越强,创业意愿也越强;当前的创业实践教育和课程教育对大学生创业意愿的形成和产生带来了积极的影响;学生的主观规范水平、创业决策自我效能感在创业教育与创业意愿的正相关关系中分别发挥了调节与中介作用。但是,当前我国的创业教育也存在一些不容忽视的问题,包括:各类创业教育普及程度、喜闻乐见程度、学生参与程度差异巨大;高达94.5%的参与调查的大学生对选择创业还较缺乏信心;高校的创业实践教育环节还略显薄弱,创业实践教育活动亟待加强、效果有待提升等。

围绕上述调研工作成果,在国家自然科学基金(71103142)、西安市科技计划项目(HJ1109-2)的资助支持下,课题组已经在科学出版社《中国社会管理发展报告》中发表研究报告一份,发表中英文文章四篇,培养研究生多名。2016年,该研究成果得到西安交通大学人文社会科学学术著作出版基金资助。课题组还将持续围绕人才的创新创造力发展问题进行探索。

由于时间仓促、作者水平有限,书中表述难免有不妥之处,恳请读者批评指正。

目　录
CONTENTS

第一章　社会背景与意义 ………………………………………… 1

1.1　国家经济转型的背景　4

1.2　高等教育发展的背景　5

1.3　研究意义　7

第二章　大学生创业概况与特征 ……………………………… 11

2.1　国家出台系列创业支持政策　11

2.2　地方政府配套支持日益完善　19

2.3　社会创业环境更加开放宽松　24

2.4　双创教育生态体系逐步建立　29

第三章　核心概念与理论基础 ………………………………… 34

3.1　创业教育　35

3.1.1　发展概况　35

3.1.2　概念辨析　36

3.1.3　研究述评　38

3.2 创业意愿 41
3.2.1 概念辨析 41
3.2.2 研究述评 43
3.3 创业决策自我效能感 46
3.3.1 概念辨析 46
3.3.2 研究述评 49
3.4 主观规范 51
3.4.1 概念辨析 51
3.4.2 研究述评 53
3.5 计划行为理论 54
3.6 三元交互决定论 58
3.7 自我效能理论 60

第四章 调研设计 …… 63
4.1 调研目标 63
4.2 访谈设计 65
4.3 问卷调研内容 66
4.3.1 创业教育对创业意愿影响 66
4.3.2 创业教育对创业决策自我效能感的影响 68
4.3.3 创业教育对主观规范的影响 70
4.3.4 创业决策自我效能感对创业意愿的影响 72
4.3.5 主观规范对创业意愿的影响 74
4.4 问卷框架 76
4.5 数据来源 77
4.6 变量测量 78
4.6.1 创业教育 78

4.6.2　创业意愿　80
4.6.3　创业决策自我效能感　82
4.6.4　主观规范　89
4.7　问卷设计　90
4.8　数据分析方法　94

第五章　大学创业教育现状 ………………………………… 97
5.1　数据概况　97
5.1.1　学校信息　97
5.1.2　效度检验　98
5.1.3　信度检验　99
5.1.4　学生信息　101
5.2　创业教育实施　103
5.2.1　创业实践教育　104
5.2.2　创业课程教育　105
5.3　大学生创业意愿　107
5.3.1　短期意愿　108
5.3.2　长期意愿　109
5.3.3　分组比较　110
5.4　创业决策自我效能感　120
5.4.1　整体情况　120
5.4.2　分组比较　123
5.5　主观规范　135

第六章　创业教育的影响过程 ………………………………… 139
6.1　创业教育对创业意愿的影响　141

6.2 创业教育对创业决策自我效能感的影响 142
6.3 创业教育对主观规范的影响 148
6.4 创业决策自我效能感的中介作用 150
6.5 主观规范的影响作用 152
6.6 调研小结 155

第七章 政策建议与展望 …… 161
7.1 从政府层面分析 161
7.1.1 因地制宜构建创业生态系统 161
7.1.2 健全双创示范以及孵化机制 163
7.1.3 培育开放进取的创业型大学 164
7.1.4 营建宽容失败的创新型文化 166
7.2 从学校层面分析 168
7.2.1 开展多样化的创业教育活动 168
7.2.2 鼓励学生大胆创新崇尚创业 169
7.2.3 关注大学生创业的情感支持 171
7.2.4 完善学校创新创业教育体系 172
7.3 局限与展望 174

参考文献 …… 176

附录1:访谈提纲 …… 187

附录2:大学生创业问题调查问卷 …… 188

后 记 …… 194

第一章

社会背景与意义

“创业”是商业、经济、管理等领域中特别重要的一个研究话题。1947 年,哈佛商学院的 Myles Mace 教授率先开始对 MBA 学生开设创业课程以来,已经有越来越多的教育机构开始为培养学生的创业精神而努力。与商业或经济领域中,个体一旦投入创业就会立刻得到较好的回报或付出惨重的代价相比,学校创业教育的成果则显得相对“漫长”而“隐秘”。过去较长一段时间内,我国学者对学生创业教育的研究也较少,但当今时代,教育者能否为学生根植一颗“创新创业的种子”,让更多的今日大学生成长为明日的创业家,又是高等教育研究与实践中一个重要且富有挑战的议题。

分析美国高等教育与社会发展的历程可以看到,与发展中国家相比,美国高素质人才更倾向于选择创业,这一比例甚至高达 20% 至 30%,创业活动明显地推动了美国经济发展,统计显示美国经济社会中超过 95% 的社会财富都是“创业一代”自 1980 年以来创造出来的①,大量新成长的中小企业为美国创造了高达 81.5% 的新就业机会。因此,实现大学生由“自主择业”向“自主创业”的转变,不仅可以

① 李时椿、刘冠、刘震宇等:《江苏高校创业教育调查与创新创业人才培养模式研究》,载《中国青年科技》,2008 年第 1 期,第 43 ~ 46 页。

积极有效地提高大学生就业率，而且会影响国家社会经济发展的重要方面①②。

虽然“大学生创业”活动日益受到社会各界关注，但目前我国的大学生创业活动还处于艰难的起步阶段。为贯彻党的十七大提出的“促进以创业带动就业”的总体部署，国务院办公厅于2008年下发了《关于促进以创业带动就业工作指导意见》，明确指出“以创业带动就业”将成为调整就业结构、解决就业难题的重要突破口。地方政府陆续出台了一些大学生创业优惠与扶持举措，试图为大学生创业营造更好的环境。教育部门相应地更加重视创业教育，开展了一系列的创业教育课程和实践活动。但统计数字表明，倾向于选择创业的大学生不到10%，实施创业者仅0.3%，全国创业平均成功率约2%，创业成功率最高的浙江省也仅4%，与欧美大学生约20%创业成功率相距甚远③。一些媒体和实业界的成功人士也对大学生的就业创业问题表达了不同的看法，如担心“盖茨神话”是否会误导大学生职业决策，冲击大学教育和毕业生就业；“由于遭受就业压力而引导大学生创业”的做法是否可行？“学生老板”是否是一时冲动、盲目随潮的后果，等等。④“行进在掌声和质疑中”的创业教育和大学生创业活动仍然面临着种种严峻的考验，在国家创新驱动发展、社会经济转型和日益复杂多变的国际经济发展环境下，“鼓励创业”与“有效创业”之间还存在尚未跨越的鸿沟。

① Acs Z, How is entrepreneurship good for economic growth? [J]. Innovations, 2006, 1(1): 97～107.

② Arenius P, Minniti M. Perceptual variables and nascent entrepreneurship[J]. Small business economics, 2005, 24(3): 233～247.

③ 杨悦:《毕业后，你准备创业吗》，载《成才与就业》，2008年第22期。

④ 孙卫、梅红、王彩华、张伟绒:《中国大学生创业就业分析与对策》，西安交通大学中国管理问题研究中心，2012中国社会管理发展报告，北京:科学出版社，2012年版，第135～151页。

对究竟如何“有效创业”已有从很多不同视角出发的研究，可以发现“有效创业”受许多因素影响，如创业教育（Entrepreneurship Education，指提高创业态度和技能的一系列的教育过程和活动，包含：课程内容、实践活动等）；个体的特征（创业意愿、创业精神、创业动机、自我效能感、创业知识、创业能力、个人资本）；环境因素（政策支持、创业资金支持、所在地的创业文化、创业商业氛围、创业环境稳定性）等方面。由于创业是风险较高的特殊职业活动，其进入退出机制研究特别受到学者的关注①。从进入机制的角度看，与一般职业行为不同，选择创业与机会的识别过程、风险的衡量、政策与资金支持等因素有关。但毫无疑问，创业行为的产生首先取决于创业意愿的形成，两者之间存在强烈正相关关系②，而创业意愿形成又与学生参与的创业教育课程、活动有强相关关系③。从另一个角度看，创业意愿又反过来是评价创业教育质量的重要指标。因为，创业教育本身存在着“时滞效应”（Time Leg Effect）④，学生接受创业培训项目后，需要一段的时间积累才会真正实施创业。如根据 Babson College 研究数据显示企业创办者的平均年龄为 33—35 岁，大约在完成大学教育十年之内创业⑤。因此，从教育管理的视角来看，首先需要关注创业教育对个体创业意愿的影响机制，这也是衡量大学创业教育成效的重要手段，本报告即是

---

① Stam E, Wennberg K. The roles of R&D in new firm growth[J]. Small Business Economics, 2009, 33(1): 77 ~ 89.

② 吴凌菲、吴泗宗：《文化环境与创业过程的关系》，载《经济管理》，2007 年第 13 期，第 76 ~ 80 页。

③ Lüthje C, Franke N. The “making” of an entrepreneur: testing a model of entrepreneurial intent among engineering students at MIT[J]. R&d Management, 2003, 33(2): 135 ~ 147.

④ 沈超红、彭巍：《国外创业环境研究内容分析》，载《湖南大学学报》（社会科学版），2010 年第 24 期，第 30 ~ 33 页。

⑤ Webb N M. Peer interaction and learning in cooperative small groups[J]. Journal of educational psychology, 1982, 74(5): 642.

依据这一思路开展的调研，它又源于当代中国以下的两个特定社会背景。

1.1 国家经济转型的背景

新中国成立以来，中国的社会经济水平发生了根本的变化，经历了四个阶段：

第一个阶段，新中国成立至1978年间。这一时期我国实行计划经济体制，国家经济建设经历了恢复发展和阶段性动荡时期。

第二个阶段，从1978年底开始至1992年间的改革开放时期。这一阶段，我国经济体制初步实现转型，政府工作重心转移到经济建设领域，并明确提出全面建设社会主义市场经济体制的建设目标，国家经济实力得到逐步提升，人均国民生产总值（GNP）达到大约400美元左右。

第三个阶段，从1992年至2004年间的全面建立市场经济体制时期。1992年邓小平南方谈话和中共十四大的召开，统一了关于改革开放和进一步加强经济建设的认识，经济建设领域经历了价格体制改革、商品流通体制改革、金融体制改革、国有企业改革等一系列重大实践，经济市场化程度大幅提高，至1995年GDP总量比1980年翻两番，2000年实现人均GDP比1980年翻两番。这一时期，我国人均国民生产总值（GNP）水平介于400—1500美元之间，伴随经济建设的快速发展，社会矛盾开始逐步凸显，“高投入、高能耗、高污染”的资源驱动发展模式也陆续暴露出生态环境破坏、经济收益下降等弊端。

第四个阶段，2005年至今，进一步完善社会主义市场经济体制建设时期。这一阶段,国家开始进一步深化经济改革,包括取消农业税、牧业税和农业特产税、推进国有企业改制、推进国有商业银行股份制改革、扩大企业投资自主权、推进重要资源价格的市场化等。至2008年我国GDP总量达到30万亿元人民币以上,人均GDP超过3000美元,人均国民生产总值(GNP)介于1500—4750美元之间。这一时期,中国社会经济改革不断深化,社会发展既处于快速发展的重要战略机遇期,又处于矛盾凸显期。① 转变资源驱动发展的经济模式,加快转变经济发展方式,加快实施创新驱动发展战略实施,创造条件激发人才的创新创造力,成为社会管理的重中之重。

在激发大学生创新创造力方面,《中共中央关于构建社会主义和谐社会若干重大问题的决定》中特别强调要"注重增强学生的实践能力、创造能力和就业能力、创业能力"。党的十七大报告提出要"提高自主创新能力,建设创新型国家",要"实施扩大就业的发展战略,促进以创业带动就业",把鼓励创业、支持创业摆到了更加突出的位置。因此,培养创新创业人才,提高科技创新能力,促进实施"创新驱动发展",已经成为新的共识并成为国家经济发展的重要战略。

1.2 高等教育发展的背景

在经济发展策略明显转变的同时,中国大学生数量也出现了急剧膨胀。1978年至1998年间,中国实施改革开放政策之初,经济水平还

① 汪应洛、梅红、宋晓平、冯耕中:《中国社会管理的现状、挑战与对策》,西安交通大学中国管理问题研究中心,2014中国社会管理发展报告,北京:科学出版社,2014年版,第1~10页。

比较落后，高考录取率介于 6.8% 至 34% 之间，少数接受过高等教育的大学生，毕业后全部进入政府、国有企事业单位工作，他们享受国家的“就业包分配”政策，就业几乎没有压力。自 1999 年起，中国大学开始全面实施“扩招政策”，目前高考录取率已经达到约 75%，大学生不再享受“就业包分配”的优待，毕业后要自主择业，面临较大的就业压力。

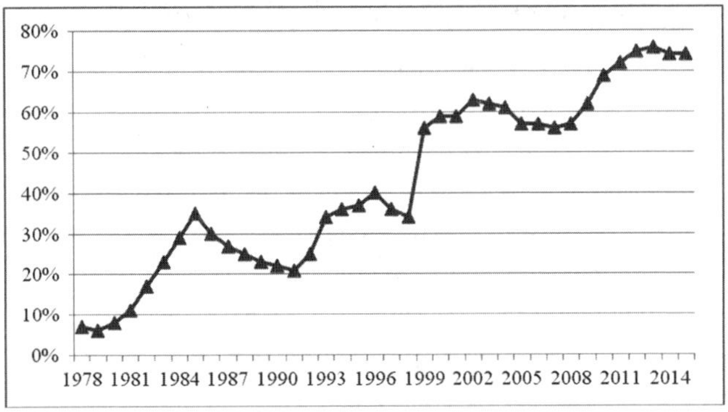

图 1－1　1978—2015 年中国高考录取率情况

从高等教育规模上来看，数据显示，2001 年至 2016 年间，中国大学毕业生人数从 104 万增加至 765 万人，持续 8 年毕业生人数超过 700 万，但大学生的初次就业率却始终维持在 70% 左右，未就业人数累计增加，“就业难”成了突出的社会问题。如果大学生创业就业问题不能得到有效解决，不但会造成我国高等教育资源、社会人力资源的严重浪费，还可能诱发一些严重的社会经济问题。因此，大学生的创业就业问题已成为目前高等教育持续发展进程中急需着力解决的难点问题。

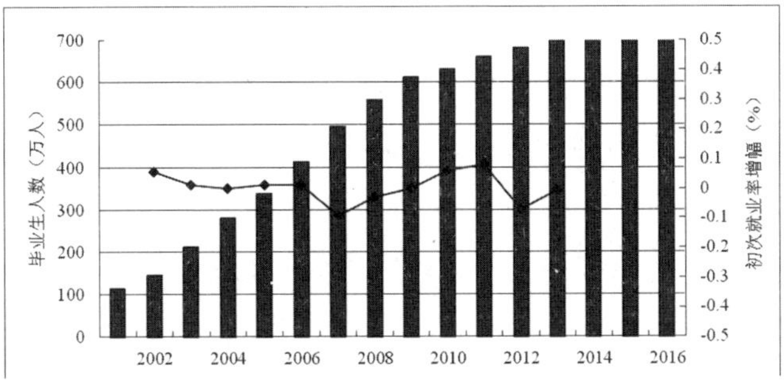

图 1－2　2001—2016 年中国大学毕业生数及就业率增幅情况

在上述背景下，2008 年，国务院办公厅发布了《关于促进以创业带动就业工作指导意见》，明确指出要鼓励大学生“自主创业”，通过“以创业带动就业”解决就业难题，促进国家经济发展。2012 年，教育部进一步出台《普通本科学校创业教育教学基本要求（试行）》，要求大学要面向全体学生开设“创业基础”课程，将创业教育纳入课程规划。在这两个国家文件的干预下，大学的创业教育活动逐渐开始发生了巨大的转变。

1.3　研究意义

从上述两个社会发展背景可以看出，鼓励和推动大学生积极创业，特别是从事“机会型创业”（Opportunity Entrepreneurship），其意义不仅仅在于推动就业市场变化，它更是与高等教育创新型人才培养、科技产业创新乃至创新型国家建设紧密相关的话题。研究显示，不是迫于生计所需，而是出于抓取新商机而投入的机会型创业能够有效地促进社会经济增长，有较好的成长预期，并且与 R&D、科技创新之间紧密联系①②。数据显示,在中国每成立1%的中小企业,将提高各省自治区3%的年均经济增长率③。因此,培养具有批判创新思维的大学生,传授创新创业的理念与技巧,鼓励大学生从事多样化的职业选择,对推动高校创新型人才培养,提升科技创新能力,促进社会经济发展都具有重大意义。高等教育机构究竟如何有效提升大学生创业意愿、让今日的学习者成长为未来的创业之星,已成为教育改革中面临的重要议题。此外,2008年以来,在大量创业扶持政策出台的背景下,高校已在开展创业教育方面进行了大量的实践与探索,而这些改革活动是否真正起到了提升大学生创新创业精神、促进大学生创业意愿的作用?这些问题还有待通过系统的实践调研进行检验和评估。

开展大学生创业教育和创业意愿的调查研究具有以下几个方面的意义:

1)从理论层面来看,这一研究与报告的理论意义有两点。

第一,在中国的特定社会文化背景下,开展针对大学生创业教育与创业意愿研究,是对创业研究领域的丰富与发展。从研究者关注的视角来看,以往创业活动的成果主要集中在管理学领域,主要从企业家和社会创业者的认知角度出发,难以体现大学生群体的特殊性。针对大学生开展的创业教育与创业意愿的影响关系、机制及相关理论研究尚不充分,国外一些知名学者如Fayolle(2006)、Matlay(2008)等构建了基于计划行为理论(Theory Planned Behaviour,TPB)的关系模型,

① Reynolds P D, Bosma N, Autio E. (2005). Global entrepreneurshipmonitor: Data collection design and implementation 1998 – 2003. Small Business Economics, 24(5): 205 ~ 231.

② Acs Z. (2006). How is entrepreneurship good for economic growth? . Innovations, 2: 237 ~ 259.

③ Li H, Li X, Yao X. (2009). Examining the impact of business entrepreneurship and innovation entrepreneurship on economic growth in China[J]. Economic research, 10: 99 ~ 108.

也研究了创业教育对创业结果的影响,但并没有完全解决客观因素变化对创业教育结果带来的影响,对创业教育的评价也不全面。尽管当前我国高校陆续实施了创业教育,组织了创业教学与创业实践活动,但还缺乏针对创业教育客观、系统的测度与评价,导致创业教育实施针对性差,高校对完善创业教育活动既缺乏理论指导,又缺乏动力。因此研究适合于中国当前创业教育的测量框架,对完善创业教育与创业意愿的关系模型具有重要的理论意义。

第二,本研究还将关注大学生的心理认知发展,主要以自我效能感、职业决策等理论研究为基础,拓展了大学生创业研究的视角。针对大学生的创业决策过程,提出创业决策自我效能感这一概念,从大学生心理认知和心理发展的角度入手,研究创业教育对大学生创业心理的影响过程和机理,探索创业决策自我效能感、主观规范在创业教育与创业意愿之间的中介作用。引入创业决策自我效能感这一变量,从大学生心理感知层面开展创业意愿影响研究,是对我国大学生创业意愿研究领域的深入和对创业研究理论的充实。

2)从实践层面来看,关注高校创业教育与创业意愿的影响关系、寻求提升大学生创业意愿的有效途径符合国家创业扶持政策需求。当前,我国处于经济快速发展和产业结构转型期,政府大力倡导创新型国家建设,高校通过开展创业教育提升大学生创业意愿,能为社会培养更多具有创新精神的潜在创业者。这些具有创业潜力的大学生毕业后发现科技创新机会,成立中小企业,不仅能够发掘新的商机、缓解社会就业压力、提供就业岗位,还能促进国家经济发展、带动产业结构升级,促进创新型国家建设;从学校教育管理和教育改革的角度看,研究大学生创业教育问题,不仅是对高校目前创业教育实施情况的有效评估,还能够为优化高校创业教育课程设置及创业实践活动提供借鉴,有助于高校培养创新型人才目标的实现;从大学生创新精神培养的角度看,通过实证调查研究,揭示大学生心理认知的过程,发现教育对激发个体创业信心与意愿的机理,能够为大学生更好地从事创业提供个性化的指导与建议,帮助大学生制订科学合理的就业与创业规划。

第二章

大学生创业概况与特征

2.1 国家出台系列创业支持政策

近年来国家高度关注大学生创业问题，特别是2008年美国次贷危机引发的世界金融危机对中国社会经济产生较大负面影响的时期。为了减少岗位流失，促进大学生创业就业，中央政府采取了积极措施，出台了一系列重要的指导和扶持政策，各部委也纷纷制定了细化的推进政策，响应国家宏观指导意见，仅2008—2016年间，就密集出台大量的大学生创业指导和支持政策（表2-1），迅速填补了中国创业扶持领域的政策空白，快速营建起了一个友好的政策环境。

这一时期国家的创业就业政策主要涉及技能培训和鉴定政策、灵活就业政策、毕业生见习补贴政策、困难家庭毕业生援助政策、少数民族学生就业优惠政策等方面。国家希望通过以上政策有效地引导大学毕业生积极投身到基层就业；鼓励高校毕业生应征入伍；实施全日制专业学位硕士研究生计划,改革研究生培养机构,增加适用人才招生名额;实行重大科研项目聘用毕业生的制度;推动服务外包、促进大学生就业等。为了进一步落实“以创业促进就业”的基本政策,各相关部委还联合出台了系列的创业支持举措,包括工商注册和行政事业型收费优惠举措、小额担保贷款和贷款贴息政策、税收优惠政策、创业补助政策、专项创业补助政策、网上创业和个体经营支持政策等方面。①

2009 年上半年是我国大学生创业扶持政策出台的密集期,通过系列政策出台与落实,2009 年和 2010 年,在国际经济环境不佳,高校毕业生人数持续攀升的背景下,大学毕业生就业率基本保持稳步上升的态势。第三方教育质量评估机构麦可思研究院(MYCOS Institute)2011 年 6 月 9 日发布的 2011 年就业蓝皮书认为,2010 届大学毕业生就业率超过金融危机前的水平。蓝皮书指出,2009 届和 2010 届大学毕业生半年后的就业率连续两届呈上升趋势,2010 届毕业生半年后的全国总体就业率为 89.6%,高于金融危机前 2007 届毕业生半年后就业率约 2 个百分点,超过金融危机前的水平。其中,本科院校 2010 届毕业半年后的就业率为 91.2%,比 2009 届上升 3.2 个百分点;高职高专院校为 88.1%,比 2009 届上升 2.9 个百分点。

2011 年 9 月 7 日发布的《2011 年武汉地区高校毕业生就业报告白皮书》也从另一个角度较好地反映了这一趋势。白皮书引入了非失业率(即就业率、升学率、留学率之和)的概念来描述高校毕业生的总体去向状况。结果显示,2010 年应届高校毕业生总体非失业率达 90.7%,显著高于 2009 年应届高校毕业生的非失业率,就业形势相对

① 腾讯教育. 麦可思发布 2011 就业蓝皮书. 2011 - 6 - 9. http://edu.qq.com/zt2011/2011jy/.

好转。①　随着大学生创业政策环境的优化，大学生们普遍能够较好地了解到国家的扶持和优惠举措，投身创业已经成为师生和家长们都能普遍接受的职业选择，更多的大学生在读期间也开始尝试参加各种创业训练活动。

表 2－1　2008—2016 年国家出台的大学生创业支持政策

时间	文件	颁布单位	主要内容
2007.11	关于积极做好 2008 年普通高等学校毕业生就业工作的通知（教学〔2007〕24 号）	教育部等三部委	贯彻落实党的十七大关于做好毕业生就业工作的精神，提出七点基本要求，如：开展高校毕业生技能培训和就业见习；推进高校就业指导课程和队伍建设；实施“高校毕业生创业行动”等
2008.2	关于做好促进就业工作的通知（国发〔2008〕5 号）	国务院	要求强化政府促进就业的领导责任；实施积极的就业政策；建立职业技能培训制度；实施就业援助等
2008.4	关于做好 2008 年高校毕业生“三支一扶”计划实施工作的通知（人社厅发〔2008〕6 号）	人力资源和社会保障部等八部委	做好高校毕业生到农村基层从事支教、支农、支医和扶贫工作，引导和鼓励高校毕业生面向基层就业
2008.4	关于选聘高校毕业生到村任职工作的意见（试行）（组通字〔2008〕18 号）	中组部等四部委	为加强农村基层组织建设，培养有知识、有文化的新农村建设带头人和党政干部后备人才，引导高校毕业生转变就业观念，面向基层就业

① 武汉市政府就业管理办公室．武汉首发高校毕业生就业白皮书，非失业率近 9 成．2011 － 7 － 5. http://www.china.com.cn/education/2011 － 07/05/content_22926977.htm.

续表

时间	文件	颁布单位	主要内容
2008.9	关于促进以创业带动就业工作的指导意见(国办发〔2008〕111号)	国务院	为落实"以创业带动就业"的总体部署,提出统一思想认识,明确目标任务;完善扶持政策,改善创业环境;强化创业培训,提高创业能力;健全服务体系,提供优质服务;加强组织领导等具体要求
2008.10	关于促进以创业带动就业工作的指导意见(国办发〔2008〕111号)	国务院	贯彻落实党的十七大提出的"实施扩大就业的发展战略,促进以创业带动就业"的总体部署,促进以创业带动就业
2009.1	关于加强普通高等学校毕业生就业工作的通知(国办发〔2009〕3号)	国务院	拓宽就业门路,鼓励高校毕业生到城乡基层、中西部地区和中小企业就业,鼓励自主创业,鼓励骨干企业和科研项目单位吸纳和稳定高校毕业生就业
2009.1	关于实施农村义务教育阶段学校教师特设岗位计划的通知(教师〔2009〕1号)	教育部等四部委	组织实施"农村义务教育阶段学校教师特设岗位计划",鼓励引导高校毕业生到农村学校任教
2009.2	关于做好当前经济形势下就业工作的通知(国发〔2009〕4号)	国务院	在金融危机影响进一步蔓延,新增就业难度加大的背景下,千方百计扩大就业、稳定就业岗位、鼓励多渠道就业、提升劳动者职业技能、做好就业工作
2009.3	关于开展全国女大学生创业导师行动的通知	全国妇联等四部委	发挥女企业家群体优势,促进以创业带动就业,引导女大学生树立创业精神,增强创业意识、参与创业实践、提高创业能力,推动社会关注女大学生就业问题,为她们步入就业创业提供指导

续表

时间	文件	颁布单位	主要内容
2009.4	关于做好2009年高校毕业生三支一扶计划实施工作的通知(人社部发〔2009〕39号)	中组部等八部委	落实党的十七大和十七届三中全会精神,继续做好高校毕业生到农村基层从事支教、支农、支医和扶贫工作(简称"三支一扶"计划),引导和鼓励高校毕业生面向基层就业
2009.4	关于印发"三年百万"高校毕业生就业见习计划的通知	人力资源和社会保障部等六部委	自2009年至2011年,用3年时间组织100万离校未就业高校毕业生参加就业见习,提升高校毕业生就业能力,促进大学生就业
2009.4	关于公布第一批基层社会管理和公共服务岗位目录的通知(人社部函〔2009〕135号)	人力资源和社会保障部	鼓励和引导高校毕业生到农村基层和城市社区从事社会管理和公共服务工作,落实相关就业扶持政策
2009.4	关于统筹实施引导高校毕业生到农村基层服务项目工作的通知(人社部发〔2009〕42号)	中组部等五部委	促进落实中组部牵头组织的"选聘高校毕业生到村任职工作"、教育部牵头组织的"农村义务教育阶段学校教师特设岗位计划"、人力资源和社会保障部组织的高校毕业生"三支一扶"计划、共青团中央组织的"大学生志愿服务西部计划"等项目
2009.4	关于开展"困难家庭高校毕业生阳光就业行动"的通知(总工发〔2009〕20号)	中华全国总工会、教育部	应对当前国际金融危机对高校毕业生就业的影响,推动解决困难职工家庭高校毕业生就业问题
2009.5	关于进一步做好高等学校残疾人毕业生就业工作的通知	人力资源和社会保障部等四部委	在高校毕业生就业压力加大的情况下,通过落实相关优惠政策、采取各项针对性措施、加强机构合作促进高校残疾人毕业生就业

续表

时间	文件	颁布单位	主要内容
2009.6	关于开展高校毕业生就业推进行动的通知(人社部〔2009〕16号)	人力资源和社会保障部等三部委	2009年7—9月,在全国开展“高校毕业生就业推进行动”,统筹高校毕业生就业项目,推进“三年百万高校毕业生就业见习计划”等
2009.6	关于当前做好高校困难毕业生就业帮扶工作的通知(教学厅〔2009〕7号)	教育部办公厅	做好家庭经济困难和就业困难高校毕业生的就业帮扶工作
2009.7	关于印发《2009年西部计划基层青年工作专项行动方案》的通知	共青团中央办公厅	自2009年开始,每年将选派2100余名左右志愿者到中西部2100个左右县级团委开展为期1—3年的志愿服务工作
2009.11	关于做好2010年普通高等学校毕业生就业工作的通知(教学〔2009〕15号)	教育部	在2010年普通高校毕业生将达630余万的规模下,积极探索新渠道,重点帮扶,促进大学生就业率基本稳定,自主创业的规模进一步扩大
2009.12	关于深化实施“中国青年创业小额贷款项目”的通知	团中央、国家开发银行	增强青年创业小额贷款普遍性、解决青年创业面临的资金瓶颈问题。贷款将重点向初次创业的、具有小额融资需求的青年倾斜
2010.10	关于加强职业培训促进就业的意见(国发〔2010〕36号)	国务院	当前的职业培训工作仍不适应社会经济发展、产业结构调整和劳动者素质提高的需要,职业培训制度需要进一步健全、工作力度需要进一步加大、针对性和有效性需要进一步增强的五条指导意见

续表

时间	文件	颁布单位	主要内容
2011.5	关于进一步做好普通高等学校毕业生就业工作的通知(国发〔2011〕16号)	国务院	进一步加大工作力度,多渠道开发就业岗位,完善相关政策措施,切实加强就业服务,千方百计促进高校毕业生就业
2012.2	关于做好"本科教学工程"国家级大学生创新创业训练计划实施工作的通知(教高函〔2012〕5号)	教育部	实施国家级大学生创新创业训练计划,促进高等学校转变教育思想观念,改革人才培养模式,强化创新创业能力训练,增强高校学生的创新能力和在创新基础上的创业能力,培养适应创新型国家建设需要的高水平创新人才
2012.3	关于做好2012年高校毕业生就业服务工作的通知(人社部发〔2012〕19号)	人力资源社会保障部	广泛开展公共就业和人才服务进校园活动;深入推进实名制就业服务;切实加大高校毕业生就业服务工作的组织推动力度
2013.1	"十二五"国家自主创新能力建设规划的通知(国发〔2013〕4号)	国务院	加强服务于创新创业的各类人才培养。着眼产业技术发展需求,培养一批了解产业科技前沿和市场需求的信息分析专门人才。围绕提高创业服务水平,培养一批人事代理、人才测评、心理咨询、人才选拔、就业指导等方面专业人才
2014.11	关于实施大学生创业引领计划的通知(人社部发〔2014〕38号)	人社部	通过各方共同努力,使大学生的创业意识和创业能力进一步增强,支持大学生创业的政策制度和服务体系更加完善,政府激励创业、社会支持创业、大学生勇于创业的机制基本形成,大学生创业的规模、比例继续得到扩大和提高,力争实现2014—2017年引领80万大学生创业的预期目标
2015.1	关于高校共青团积极促进大学生创业工作的实施意见(中青办发〔2015〕2号)	共青团中央办公厅	立足于创业意识培养、创业能力提升、创业实践锻炼等工作内容,建立健全高校共青团促进大学生创业工作体系,推动大学生勇于创新创业,努力造就大众创业、万众创新的生力军

续表

时间	文件	颁布单位	主要内容
2015.3	关于发展众创空间推进大众创新创业的指导意见(国发〔2015〕9号)	国务院	简化创业企业工商注册手续,为创业者提供优惠的服务和财政补贴以及要加快发展创业孵化服务,大力发展创新工场、车库咖啡等新型孵化器,做大做强众创空间,完善创业孵化服务
2015.6	关于大力推进大众创业万众创新若干政策措施的意见	国务院	创新体制机制,实现创业便利化,优化财税政策,强化创业扶持,搞活金融市场,实现便捷融资,扩大创业投资,支持创业起步成长,发展创业服务,构建创业生态,建设创业创新平台,发展创新型创业,拓展城乡创业渠道
2015.5	关于深化高等学校创新创业教育改革的实施意见(国发〔2015〕36号)	国务院	2015年起全面深化高校创新创业教育改革。2017年形成科学先进、广泛认同、具有中国特色的创新创业教育理念,形成一批可复制可推广的制度成果,普及创新创业教育。到2020年建立健全课堂教学、自主学习、结合实践、指导帮扶、文化引领融为一体的高校创新创业教育体系
2015.9	关于加快构建大众创业万众创新支撑平台的指导意见(国发〔2015〕36号)	国务院	创新发展理念,着力打造创业创新新格局;全面推进众创,释放创业创新能量;立体实施众扶,集聚创业创新合力;稳健发展众筹,拓展创业创新融资;推进放管结合,营造宽松发展空间
2015.11	关于做好2016届全国普通高等学校毕业生就业创业工作的通知	教育部	着力加强创新创业教育和自主创业工作;积极拓宽重点领域就业渠道;大力提高就业指导服务能力;推动高等教育更好适应经济社会发展需要;进一步加强就业创业工作组织领导

续表

时间	文件	颁布单位	主要内容
2016.5	关于进一步做好高校毕业生就业创业工作的通知	教育部办公厅	着力抓好大学生创新创业。各地各高校要将就业创业结合起来，释放创业带动就业的“倍增效应”；精准推送就业创业指导服务
2016.6	关于促进2016届尚未就业高校毕业生就业创业的通知	教育部办公厅	高度重视尚未就业毕业生就业创业工作；持续开展就业指导和信息服务；加强毕业生求职安全教育和风险防范；持续做好创新创业指导服务工作
2016.6	关于发挥职能作用进一步做好高校毕业生就业创业工作的通知	工商总局	深化商事制度改革，扩大市场主体总量，为高校毕业生创造更多就业岗位。针对高校毕业生创业特点，提供优质高效服务

2.2　地方政府配套支持日益完善

为进一步落实中央政府出台的系列促进创业就业的政策，有效推动大学生创业能力和创业热情的提升，地方政府纷纷结合本地实际情况，推出了更具操作性的大学生创业扶持与优惠政策，例如：吉林省规定对毕业两年之内的高校毕业生从事个体经营的，除国家限制的行业外，自工商行政管理部门登记注册之日起三年内免交登记类、管理类和证照类行政事业性收费；黑龙江省则充分利用现有资源，建立高校毕业生创业基地，开发适合高校毕业生的创业项目；天津市侧重于创业实训支持，认定了约500家有条件的企业为创业实训基地，安排

3200余名有创业意愿和能力的毕业学年在校生和未就业的高校毕业生到实训基地进行3至6个月的创业实训。此外湖北、安徽、陕西、山西、西藏、海南、山东等省、自治区以及郑州、南京、长沙等市都出台了大量的创业支持政策，表2－2中列举了部分省市的促进创业就业的支持举措。

表2－2　各地方政府支持创业举措举例

省(区)市	部分政策举例	备注
江苏	1. 面向全体学生开设创新创业教育课程；2. 整合创新创业教育课程资源，建立创新创业教育课程资源共享平台，推行在线开放课程和跨校学习认证、学分认定制度；3. 实施弹性学制，放宽学生修业年限，允许调整学业进程、保留学籍休学创新创业；4. 设置合理的创新创业学分，建立专业创新课程学分和创新创业实践拓展学分积累转换制度；5. 自2016年开始每年评选150名创新创业标兵，省级创新创业标兵可直接推荐免试研究生或专升本	江苏省政府办公厅
四川	1. 自主创业税费减免、创业担保贷款及贴息等政策；2. 鼓励企业吸纳就业、支持高校毕业生灵活就业的社会保险补贴等政策；3. 提高劳动者职业技能和就业创业能力的职业培训补贴、职业技能鉴定补贴等政策；求职补贴等；4. 加快创业平台建设，从2014年起对在校大学生和毕业5年内的高校毕业生创业项目给予补贴；5. 鼓励在校大学生参加创业培训；6. 建立四川省大学生创新创业俱乐部及网络平台	四川省人社厅
安徽	1. 对高校毕业生初始创办科技型、现代服务型小型微型企业的，给予一次性补助；2. 每年支持新建4—5个青年创业园，培育1万名以上大学生自主创业；3. 每年重点扶持100名大学生村官创业；4. 鼓励银行业金融机构成立科技信贷专营事业部，符合条件的创业者可申请最高额度10万元的担保贷款；5. 对向个人发放的创业担保贷款，财政给予一定贴息；6. 加大减税降费力度，实施更加积极的促进就业创业税收优惠政策；7. 建立鼓励创业的保障机制，组织实施“创业江淮”行动计划	安徽省关于全面推进大众创业万众创新的实施意见

续表

省(区)市	部分政策举例	备注
广东	1. 非关键性条件达不到注册条件但一年内可完善,工商部门可先核发有效期一年的营业执照,待条件完善再更正取消营业期限;2.《临时经营场所使用证明》的有效期由1年延长为2~5年;3. 搭建高校创业信息交流平台,建设大学生创业创新示范基地、大学生创业创新教育示范校、大学生创业创新园、创业创新模拟实验室、创业孵化基地等创新实践平台	关于进一步放宽市场准入政策的实施意见
湖北	1. 实施湖北省大学生创业扶持项目,出资3000万元为每个通过评审的项目提供2万至20万元的资金扶持;2. 打造创业创新公共平台重点推进科技企业孵化器、大学生创新创业基地、留学人员创业园、回归创业基地、创业见习实训基地等;3. 鼓励大学生在湖北创新创业。毕业3年内大学生创业,可在创业地申请5000元的一次性创业补贴	省人力资源和社会保障厅、省教育厅、省财政厅、团省委
吉林	1. 2011年起每年组织创业培训3万人以上,并逐年递增;2. 创业培训补贴标准由原来的1000元提高到1500元;3. 取得《创业培训合格证》人员可申请小额担保贷款,微利项目给予全额贴息;4. 新办企业年入不到50万元免收和暂停各类收费3年;5. 大学毕业生培训后,2年内免收劳动人事代理费,自主创业可享不超3年社保补贴;6. 建设一批大学生创新创业教育实践基地;7. 发展众创空间等新型创业服务机构	吉林省创业培训工作会议等
陕西	1. 设立5000万元的扶持大学生自主创业贷款基金;2. 省工商局出台了鼓励创业20条,按照“非禁即入”的原则,放宽经营范围,准予关联延伸;允许注册资本金分期到位;允许创业者将家庭住所、租借房、临时商业用房等作为创业经营场所;允许微型微利非正规创业经济实体免予工商注册登记,实行备案制;3. 鼓励自然人、企业法人和其他社会组织引进和发展创业风险投资,成立小额贷款公司,帮助解决中小企业融资难问题;4. 创新职业创业培训发展模式	陕西省人力资源和社会保障厅;陕西省工商局

续表

省市	部分政策举例	备注
山西	1. 大学生村干部小额信用贷款额度放大到8万元，从事微利项目的，可按规定享受贴息扶持；2. 对合伙经营和组织起来创业的，贷款规模可以扩大；3. 大学生村干部创业小额贷款可采用抵押、质押，自然人担保、法人担保等多种担保形式；4. 鼓励金融机构发展农用生产设备、林权、水域滩涂使用权等抵押贷款，推动发展应收账款、股权、仓单等权利质押贷款；5. 加大创业培训力度	关于为大学生村干部创业富民提供金融服务支持的意见
西藏	1. 到乡镇工作5年以上的大中专毕业生，可享受国家助学贷款本息代偿政策；2. 计划内统招区内毕业生到中小企业、非公有制企业就业，为其发放社会保险代费券，用于缴纳各项社会保险；3. 失业登记6个月以上未就业的高校毕业生，纳入就业再就业扶持政策对象范围；4. 企事业接受计划内统招区内生，给予奖励资金，如签订5年以上劳动合同的，给予20000元奖励；5. 为就业困难生提供“一对一”的就业指导、服务	西藏自治区人力资源和社会保障厅
海南	1. 自主创业自筹资金不足者，可按规定提供一般不超过5万元的小额担保贷款；2. 零就业家庭成员、连续失业1年以上的人员等，提供社会保险补贴、公益性岗位补贴等；3. 对持《再就业优惠证》人员从事个体经营的（国家限制的行业除外），3年内按每户每年8000元为限额依次扣减其当年实际应缴纳的营业税、城市维护建设税、教育费附加和个人所得税；4. 鼓励大中专毕业生创业；5. 加强职业培训和创业培训	关于进一步做好当前就业工作的意见
山东	1. 取消了个人经营出资限制，出资1元即可申报登记，高校毕业生等不受注册资（本）金限制；2. 放宽企业名称登记条件；3. 放宽企业出资管理；4. 加强创业载体建设	山东省工商局
郑州	1. 毕业学年内高校毕业生可到郑州市创业指导中心参加3天的创业意识培训，还可以参加7天的创办企业培训；2. 郑州市大中专学生自主创业的，最高可申请30万元的创业贷款、财政贴息；3. 对毕业两年内的郑州市大中专毕业生创业的，可按相关条件申请创业补贴，标准为一次性8000元；4. 鼓励驻郑高校建立创业学分积累与转换制度，允许在校大学生保留学籍2年休学从事自主创业；5. 开辟大学生创业担保贷款“绿色通道”，全面落实高校大学生创业担保贷款政策	省人社厅、省教育厅主办，郑州市人社局、教育局

续表

省(区)市	部分政策举例	备注
南京	1. 提供大学生毕业见习补贴;2. 参加相关类职业技能培训或创业培训给予补贴;3. 单位安置困难家庭毕业生三年内给予300元/月岗位补贴;4. 大学生自主创业微利项目给予财政全额贴息,非微利项目财政贴息50%;5. 提供创业场地租金补贴;6. 拓宽创业投融资渠道;7. 加快建立多层次多样化的返乡创业格局;8. 营造大众创业创新良好氛围;9. 加大对优秀大学生创业项目实施资助	南京市政府
长沙	1. 市本级和区县财政出资设立大学生创业扶持奖励资金;2. 大学生在长沙自主创业,凭"三证一簿"和工商登记证明,即可到公安部门办理落户;3. 符合条件的大学生创业项目,最高可获得20万元无偿资助。申请财政贷款贴息的,可获得期限一般不超过2年、总额度最多10万元的年贴息;4. 大学生创业三年内,同级财政采取先征后返的方式减免其营业税和个人所得税的地方所得部分,成长性好的项目,可继续享受二年政策优惠;5. 对大学生开展SIYB("创办和改善你的企业")培训等免费创业培训	关于鼓励和扶持大学生自主创业的政策意见;关于促进全市普通高等学校毕业生就业的实施意见
绍兴	1. 根据创业企业及项目设置创业引导资金;2. 为创业大学生提供不超过两年,低于3万元的租金补贴;3. 为从事种养殖业的2年内毕业大学生提供不超过2年,低于5万元的补助资金;4. 建立大学生创业风险专项扶持资金;5. 实行创业担保贷款贴息;6. 加快战略性新兴产业发展和创业平台建设;7. 优化创业服务,创新举办"大学生创业大赛"活动,对获奖项目给予奖励;8. 加强创业教育和技能培训	绍兴市人民政府关于推动以创业促进就业的实施意见
德州	1. 大学生新创办企业可申请不超过100平方米的房租补贴;2. 对全日制博士研究生、硕士研究生和重点高校本科生到德州自主创办企业,或到企业就业并签订3年以上劳动合同的,由市级财政给予生活补贴,其他全日制高校本科生由同级财政每月给予适当生活补贴	德州2016年促进大学生创业政策
鹤岗	1. 大学生创办小微企业直接参与政府采购投标的,在评审时给予价格6%至10%的扣除;2. 同时以营业执照注册地为准,供货100公里以内加5分,200公里以内加4分,300公里以内加3分;3. 市、县政府向社会力量购买服务项目时,同等条件优先选择大学生创业企业;4. 对持《就业创业证》人员从事个体经营的扣减其营业税、城市维护建设税、教育费附加、地方教育附加和个人所得税	鹤岗市人民政府关于促进大学生创新创业的实施意见

2.3 社会创业环境更加开放宽松

为贯彻党的“十七大”提出的“扩大就业的发展战略,促进以创业带动就业”的总体部署,“以创业带动就业”成为各级政府调整就业结构、解决就业难题的重要突破口,为青年大学生创业营造了良好的政策环境和氛围。一些企业家也敏锐地看到服务大学生创业就业的重要性,陆续投入到大学生创业服务体系建设工作中。

2015 年 10 月,首届中国“互联网 + ”大学生创新创业大赛在吉林长春举行。本次大赛共有 1800 余所高校、57000 多支团队、20 万名大学生参赛,并带动百万学生参与,经校级初赛、省级复赛,共 300 支团队进入全国总决赛,最终产生金奖 34 名,银奖 82 名。① 冠军、亚军、季军分别由浙江大学智能视力辅具及智能可穿戴近视防控设备团队、北京航空航天大学 Unicorn 无人直升机系统团队、华南理工大学广州优蜜移动科技股份有限公司团队、西安电子科技大学 Visbody 人体三维扫描仪团队获得。2016 年初,首期“创客我最型”大学生创业项目对接活动在义乌举行。该活动为进一步促进首届中国“互联网 + ”大学生创新创业大赛赛事成果转化,切实促进优秀大学生创业项目与创投机构、行业企业深入交流对接,②创业团队通过项目路演、投资融资洽谈、参观考察、政策推介等进一步扩展了创新

① 首届中国“互联网 + ”大学生创新创业大赛闭幕[EB/OL]. 2016 - 07 - 13, http://cy.ncss.org.cn/CYDS_BUSINESS_DYNAMIC/information/291839.html.

② 首期“创客我最型”大学生创业项目对接活动将于 1 月 18—20 日在义乌举行[EB/OL]. 2016 - 07 - 13, http://cy.ncss.org.cn/CYDS_BUSINESS_DYNAMIC/information/291844.html.

合作途径和渠道。

2015 年 11 月,共青团中央和广东省签署“中国青创版”战略协议,为大学生创新创业项目提供孵化、托管、增信、融资等综合服务。“中国青创版”覆盖了 16 个省市区,大批的项目或企业与投资机构成功签订融资协议,“中国青创版”通过设立营运中心、服务站点和孵化基地等形式,整合市场、高校、政府以及服务机构等的优势,逐渐构建成覆盖全国主要城市和创业服务平台服务的服务体系,为创业青年提供政策信息查询、创业优惠政策申报、创业辅导培训、投融资对接、落地孵化等各类多元化的创业服务,引领广大青年创业者成长为创新驱动发展的生力军。① 据 2016 年中国创新创业成果交易会上的统计信息显示,“中国青创版”在短短时间内已经取得了丰硕的成果,1400 余个大学生创业项目已经入选“中国青创版”。

同月,为了进一步推动营造“大众创业、万众创新”的良好氛围,在当代大学生中选树一批创新创业典型人物,由团中央学校部、全国学联秘书处、中国青年报社、KAB 全国推广办公室联合主办的“寻访 2015 年大学生创业英雄”活动在第十四届“挑战杯”中航工业全国大学生课外学术科技作品竞赛决赛开幕式上举行,②活动面向在校大学生创业者和毕业 3 年内的大学生创业者,经过学校推介、个人自荐、资格审查、微信公众投票、专家评审打分等结果,最终产生 2015 年大学生创业英雄年度 10 强并获得相应奖励。

---

① 广东 1407 个大学生创业项目跃上“中国青创版”[EB/OL]. 2016 - 05 - 31, http://qnzz.youth.cn/place/shengji/201605/t20160531_8064067.htm.

② 2015 年大学生创业英雄年度 10 强、年度 100 强名单公布[EB/OL]. 2016 - 07 - 13, http://xxgqt.youth.cn/sztzxd/tzb/201511/t20151118_7323446.htm.

表 2-3 “寻访 2015 年大学生创业英雄”10 强

排名	姓名	学校	学历	公司	资产(万元)
1	卢成堆	桂林理工大学	硕士	温州瓷爵士科技股份有限公司	125800
2	王昭赢	渤海大学	硕士	送姜(北京)信息科技有限公司	2000
3	郑兴伟	西南政法大学	硕士	重庆雅明教育集团	3832
4	段子明	吉首大学	本科	湖南惠民支付技术有限公司	3000
5	王艺颖	黄淮学院	专科	至尊宝集团	4000
6	张文刚	沈阳工程学院	本科	辽宁零起点润滑油科技有限公司	500
7	杨成兴	重庆电子工程职业学院	大专	重庆兴狼科技有限公司	2710
8	刘伯敏	南京工程学院	本科	南京和善园餐饮管理有限公司	500
9	李尘奇	中央财经大学	硕士	寰美易德国际教育科技有限公司	30
10	张振华	华中农业大学	本科	内蒙古华蒙农牧业开发有限公司	500

2015 年,福布斯也发布了针对中国 30 岁以下创业者的 30 强榜单(30 Under 30),他们分别来自 O2O、游戏、可穿戴、智能制造、物联网、媒体、互联网金融、软件等创业热门领域,也包括了养老服务、设计领域以及一些新兴的分享经济领域。地域分布当中,北京有明显优势,占 13 位,其他上榜者主要来自上海、深圳、广州、杭州等地,其中有 3 位女性创业者入选,年龄最小的出生于 1993 年。登上 2015 年福布斯中文版封面的,是深圳乐行天下科技有限公司的创始人周伟,曾获全国大学生机器人大赛的冠军,在经历工业机器人领域的创业之后,选择制造体感车这个智能出行功能的“机器人”作为突破口,并建立起了销售数亿元的

商业模式。① 表 2 –4 为福布斯 2015 年“30 位 30 岁以下创业者”。

表 2 –4　福布斯 2015 年“30 位 30 岁以下创业者”名单

姓名	年龄	公司	职位
陈桦	27 岁	北京爱声声科技有限公司	CEO
蔡延青	29 岁	一起开工社区	联合创始人
草禾言	28 岁	新游互联信息科技有限公司	创始人兼 CEO
高婧	25 岁	云适配	联合创始人兼 CEO
韩冰	28 岁	哪上班	CEO
黄承松	28 岁	武汉奇米网络科技有限公司	CEO
郝亚伟	29 岁	北京微格互动科技有限公司	CEO
季尚	29 岁	广州聚好玩信息科技有限公司	CEO
蒋逸雯	28 岁	美位网	创始人兼 CEO
金亦冶	30 岁	上海简米网络科技有限公司	CEO
金证济苍	22 岁	云视链	创始人兼 CEO
吕骋	25 岁	渡鸦科技	创始人兼 CEO
吕晋杰	29 岁	北京醋溜科技网络有限公司	董事长
李凯	30 岁	指点无限(北京)科技有限公司	董事长兼 CEO
李明	29 岁	inmix 音米眼镜	创始人兼 CEO
毛靖翔	27 岁	杭州米趣网络科技有限公司	董事长兼 CEO
齐俊元	25 岁	上海汇翼信息科技有限公司	创始人兼首席执行官
覃康胤	29 岁	深圳市亿觅科技有限公司	联合创始人
覃政	28 岁	北京蚁视科技有限公司	CEO
阮昊	30 岁	零壹城市建筑事务所	创始人
孙宇晨	25 岁	锐波天下	创始人、董事长兼 CEO

① 福布斯中文网. 福布斯 2015 年中国 30 位 30 岁以下创业者[EB/OL]. 2015 –03 –16, http://edu.163.com/15/0306/11/AK17GO6K00294MA1.html.

续表

姓名	年龄	公司	职位
王磊	30 岁	唯创投资集团	总裁
王信文	28 岁	莉莉丝科技(上海)有限公司	创始人兼 CEO
吴哲	29 岁	快乐迭代(北京)网络科技有限公司	CEO
熊逸放	26 岁	北京亿航创世科技有限公司	联合创始人
袁劲松	30 岁	上海斗象信息科技有限公司	CEO
印奇	27 岁	Megvii(Face + +)	联合创始人兼 CEO
张亨德	30 岁	住百家	创始人兼 CEO
赵润龙	30 岁	北京网利科技有限公司	创始人兼 CEO
周伟	29 岁	深圳乐行天下科技有限公司	总经理

2016 年 3 月 9 日,“全国高校创新创业投资服务联盟”成立大会在北京隆重举行,作为公益性质辅助大学生创新创业的投资服务联盟,该机构力求贯彻创新创业教育的理念、方法和体制机制,实现资源共享、协调发展、共同提高,共同引领中国高校创新创业教育。联盟提出将以“公益优先、资源整合、合作共赢、服务双创”为基本宗旨,为全国大学生创新创业提供投资融资、产业对接、专业咨询、项目孵化等全程深度创业指导服务;为高校创新创业教育提供实践平台与产业资源支撑,全面助力大学生创新创业,加快高科技成果向现实生产力转化;提高中国大学生创业成功率,促进传统产业“互联网 +”转型升级。

据麦可思研究院(MYCOS Institute)发布的就业蓝皮书显示:2015 届大学毕业生的创业和深造比例上升,自主创业的比例从 2013 届的 2.3% 上升到 2015 届的 3.0% 。① 以国家统计局《2015 年国民经济和社会发展统计公报》发布的普通本专科毕业生人数 680.9 万估算,

① 麦可思研究院、王伯庆、周凌波:《2015 年中国高职高专生就业报告》,北京:社会科学文献出版社,2015 年版。

2015 届大学生中约有 20.4 万人选择了创业，属于机会型创业的毕业生占创业总体的大多数（本科 87%，高职高专 86%）。调查显示，2015 届大学毕业生中，有 74.0% 的专科毕业生和 58.1% 的本科毕业生在未来三年有创业意向，①可以看出大学生创业的社会环境更加宽松、包容，大学生对投身创业的热情明显高涨。

2.4 双创教育生态体系逐步建立

“大众创业、万众创新”的核心在于激发人的创造力，尤其是要造就和激发青年人的创造力。如何培养出更多的、更富有成效的创新者和创业者，是创新创业教育（以下简称“双创教育”）的核心命题。双创教育如同一座“桥梁”，将社会中的创业个体与社会、经济更紧密地联系起来。它通过培养人的创业意识、创业思维、创业技能等各种创业综合素质，最终使受教育者具有一定创业能力和综合素质，被联合国教科文组织称为教育的“第三本护照”。

根据国内外一系列研究调查表明，创业教育对培养创业技能、提升创业意愿等都具有显著的影响作用。21 世纪的青年除了接受传统意义上的学术教育和职业教育外，还应当拥有第三张教育通行证——创新创业教育。此外，美国的经验也已经显示，在表现优秀的上市公司高新技术企业老板中，86% 都受过创业教育。高校作为实施创业教育的主体，应当承担起开设创业课程、组织创业实践、营造校园创业文化等一系列教育任务。近年来，教育部在全国高教系统力推创新创业

① 2016 大学生就业质量报告发布（全文）[EB/OL]. 2016－06－18, http://www.askci.com/news/chanye/20160518/1423292111_3.shtml.

教育、创业基地建设和大学生自主创业工作。我国创业教育是伴随着各种创业竞赛的开展逐步兴起的。1999 年,清华大学举办第一届“挑战杯”中国大学生创业计划竞赛后,共青团中央、中国科协、教育部等部门又继续承办了后续的 8 届“挑战杯”创业计划竞赛。与此同时,各省市政府、高校及企业也通过相互联动组织了不同层次、不同等级的创业竞赛。随着创业竞赛如火如荼地开展,全国各大高校在创业教育政策和自身发展的要求下,也开展了一系列的创业教育尝试。2002 年,教育部确立了清华大学、西安交通大学、上海交通大学、北京航空航天大学、复旦大学等 9 所院校为我国创业教育试点院校,率先展开创业教育。目前已形成了 5 种典型的创新创业教育模式,即以提高学生整体能力素质、提高学生创业技能、以第二课堂的有机整合、以创建创业实践基地、综合式的创新创业教育。①

2010 年 4 月,教育部召开推进高等学校创新创业教育和大学生自主创业工作视频会议,下发《关于大力推进高等学校创新创业教育和大学生自主创业工作的意见》,并专门成立“教育部高等学校创业教育指导委员会”,大学生创新创业工作的组织管理更加缜密和细致。2015 年 5 月,国务院办公厅进一步出台了《关于深化高等学校创新创业教育改革的实施意见》,明确从 2015 年起,将全面深化高校创新创业教育改革,瞄准 9 项改革任务,推出 30 余条具体举措。各地各高校开始精准发力,综合施策,中国高校的双创教育生态体系逐渐建立和完善。据统计,目前全国已经有 82% 的高校开设了创新创业教育课程,68% 的高校建立了创新创业场地,613 万人次参加各类创新创业实践活动。教育部举办首届中国“互联网 +”大学生创新创业大赛,全国

① 孙卫、梅红、王彩华、张伟绒:《中国大学生创业就业分析与对策》,西安交通大学中国管理问题研究中心,2012 中国社会管理发展报告,北京:科学出版社,2012 年版,第 135 ~ 151 页。

1800 余所高校 20 万名大学生参赛。① 各地各高校陆续发布的大学毕业生就业情况报告可以看出,近年来越来越多的大学生选择进行自主创业。

在上述试点院校和系列改革政策的带领推动下,我国已经形成以“创业计划竞赛”为主要内容的国家、省(市)、高校三级大学生创业活动体系。现在多数高校都已经建立了明确的创新创业教育课程设置,创新创业实践活动更加丰富多样并贴近大学生创业发展的实际需求,高等教育领域的各种实践探索活动不断渗透着创新创业教育的理念。

陕西省作为我国的高等教育大省,近年来也开展了一系列的创业教育探索,例如西安交通大学已开设了“创业管理”“大学生创业指导”等选修课程,连续举办了 8 届“腾飞杯”创业大赛;西安电子科技大学为部分专业学生开设了“创业企业组织设计与团队建设”“技术项目评价与选择”“创业者与创业战略”等专业必修课;长安大学与中国移动陕西公司联手打造了 Mobile“创业达人”训练基地;西安外事学院 2006 年专门成立了创业学院,并计划将创业教育推进到专业硕士培养层次。各校在创业教育和创业实践方面都开展了较多活动,但是差异较大,涉及的创业教育和实践主要包括:组织创业讲座、设立就业咨询机构、建设创业实践基地、进行创业调研、举办创业竞赛、提供创业资金支持等多个方面,表 2-5 梳理了 2013 年陕西省七所高校创业教育的调研情况,这七所学校既包括国家首批入选的“985 工程”“211 工程”建设大学,也包括省属高校、民办院校。以下罗列出七校分别开设的创业类课程和举办的各种创业实践。

---

① 双创教育:《高校综合改革新命题》,《中国教育报》,2016 年 2 月 29 日。

表2－5　2013年陕西省部分高校创业教育实施情况

院校	创业课程举例	创业实践活动举例
西安交通大学	创业管理、大学生创业指导、小企业经营谋略与技巧等	创业教育基地、科技园大学生科技创业实习基地、大学生创业指导实践、“创源”科技学术论坛、“腾飞杯”创业计划大赛(8届)
西安理工大学	创业管理与风险投资、创业竞赛赛前指导课程等	青年人才创新创业论坛、“龙腾杯”创业设计暨ERP沙盘模拟大赛(5届)
长安大学	大学生创业基础理论与竞赛指导、创业基础、创业学等	数字化创业基地、中国移动－长安大学Mobile“创业达人”训练营、Market大学生创业孵化基地等创业基地、长安大学“挑战杯”创业大赛(7届)
西北大学	创业管理、大学生创业指导等	开办Elite Startup大学生精英人才研修班、西北大学“挑战杯”创业大赛(6届)
西北工业大学	就业指导与创业教育、大学生创业系列讲座等	多种创业活动实践调研、“三航杯”大学生创业计划大赛(7届)
西安电子科技大学	创业管理、创业企业组织设计与团队建设、技术项目评价与选择、创业者与创业战略、创业影响与市场调查技术，以及成功创业者讲座等	大学生创新创业论坛、“星火杯”创业计划大赛(6届)
西安外事学院	创业学、识别与评价创业机会、商业计划书、创业企业融资、创业经营法律风险与防范、创业投资项目调查与可行性分析、创业企业的团队建设与管理等	创办创业学院、开设创业校友精英班和高年级班两种创业培训班、“鱼化龙”杯创新创业(一届)、“鱼化龙”创业基金会

可以看出，创新与创业活动是一个复杂的社会工程，它涉及国家

宏观政策的设计、地方政府的辅助支持，宽容失败、理解创新的社会文化氛围，学校完备科学的教育体系开发、设计和落实等方方面面。仅仅在学校教育层面，也至少涉及相关专业领域知识的课程设计、实践创业活动的开发、管理部分的分工协调、学生管理的系统调整、大学与政府提供的创业资源支撑等不同方面，因此，创业教育生态系统的建立是有效实施创业教育的保障。从目前国家鼓励和支持创新创业的情况来看，经过国家政策引导和各级政府、组织的持续努力，我国的创业生态系统已经开始日趋完善，高校的双创教育生态系统也同样开始逐步建立、完善并发挥着积极的作用，与高等学校创新创业教育落实之前相比，创业教育环境已经发生了极大的改观。未来高校还需在综合开发校内外资源，整合学校、政府、企业和社会教育资源，挖掘并获取更充分多元的创业认知等方面继续深入，以促进双创教育生态系统功能更加完善，作用更加显著。

第三章

核心概念与理论基础

20 世纪 80 年代以来,创业研究开始受到学者重视。作为学术研究的新兴领域,一大批学者开始关注和投身创业研究,围绕复杂的创业问题,从创业的主体、过程、关注点等因素出发,基于不同学科的理论观点展开探讨,如依据经济理论,个性心理与行为理论、生态理论、文化阐释、伦理基础、资源理论、甚至网络观等视角的卓有成效的尝试。在我国,创业研究也随着创业热潮的兴起而引起学者们关注,实证研究的探索日渐丰富。综观国内外研究可以看出,欧美等发达国家的创业研究开展较早,研究内容较为深入,特别是侧重于组织管理学、应用心理学、高等教育管理学视角开展的相关研究值得借鉴;国内研究者的成果主要集中于近十余年,并且呈井喷式的发展,为中国大学创业教育研究奠定了良好基础。

3.1 创业教育

3.1.1 发展概况

自1947年哈佛商学院的Myles Mace教授率先对MBA学生开设创业课程以来,高校实施创业教育已有60余年历史。1979年,麻省理工学院MIT的研究者David Birch发表了报告"The Job Generation Process",揭示创业对提供新就业机会、推动经济发展的重要意义,引起了社会与高等教育界对创业重要性的热烈讨论,①进一步推动了高校创业教育的发展。

1998年,清华大学引进MIT创业计划大赛模式,成功举办第一届"挑战杯"创业计划大赛。随后,共青团中央、中国科协、教育部等部门又继续承办了后续的8届"挑战杯"创业赛事。与此同时,各省市政府机构联合各大高校、企业也组织了大量不同层次、不同类型的创业竞赛活动。伴随如火如荼创业竞赛的开展,我国各大高校也开始了各种有益的探索。2002年4月,教育部首批确立了清华大学、中国人民大学、北京航空航天大学、上海交通大学、南京财经大学、武汉大学、西安交通大学、西北工业大学、黑龙江大学共9所院校为我国创业教育试点院校,这些院校开始以各种方式开展创业教育。2010年9月,教育部下发《关于大力推进高等学校创新创业教育和大学生自主创业工作

① 梅伟惠:《美国高校创业教育》,杭州:浙江教育出版社,2010年版,第1页。

的意见》,标志着创业教育进入教育行政部门指导下的新格局,逐步形成政府、高校、企业、社会四位一体的创业教育生态系统,同时学术界关于创业教育研究也更为深入。

3.1.2 概念辨析

创业教育(Entrepreneurship Education)是指旨在提高创业态度和技能中的一系列的教育过程和活动,包含了课程内容、实践活动等方面。

Harrison 和 Mason(2007)认为创业教育应是由“创业教育内容、创业教育方法、创业教育系统”三个部分构成的组合体,受到个体差异与环境等因素影响①。目前大学的创业教育通常包括创业教育课程和创业教育实践活动等环节。1998 年联合国教科文组织在巴黎召开的首届世界高等教育会议中发表《21 世纪世界高等教育宣言》明确提出,高等教育应重点关注创业技能与创新精神的培养,使毕业生不仅要成为求职者,更要成为工作岗位的创造者。

随着创业教育的不断发展,学术界对其内涵的解读逐渐深入。通过梳理总结,本研究将众多创业教育内涵发展划为三个阶段:

第一阶段,部分学者从课程培养的视角,将创业教育定义为通过开设创业课程,使学生掌握创业知识与技能,培养学生创业素质的教育活动。例如美国考夫曼基金会指出,创业教育是为学生提供创业理念与技能,发展其机会识别、资源整合及承担商业风险等能力的教育过程。

---

① Harrison R T, Mason C M. (2007). Does gender matter? Women business angelsand the supply of entrepreneurial finance, Entrepreneurship Theory and Practice, 31(3): 445 ~ 472.

第二阶段,有学者将创业教育上升到精神培养的层面,认为创业教育就是培养学生开创性人格、独立自主人格、创新精神与创业精神的教育活动。如我国学者梅伟惠(2010)整合以往学者观点,将创业上升到精神与哲学的层次,认为高校创业教育是利用创业课程与创业实践培养创业精神的活动。

第三阶段,更有研究认为创业教育并非短期的、间断性的职业培训与指导,创业教育更应当着眼于"创业基因"的培养,甚至是实现全民创业的宏大愿景。享有"创业教育之父"之称的美国学者 Timmons 认为创业不应当局限于眼前功利的追逐,而要着眼于为大学生植入"创业遗传代码",以造就具有革新性的"创业一代"作为价值取向。①

综上所述,可以看出来高校实施创业教育应当以开设创业课程、组织创业实践为途径,将目标定位于大学生创新创业精神培养、以"创业基因"移植为发展方向,最终实现全民创业的宏伟蓝图。

高校实施创业教育活动具有一定的层次性和明确的教育目标。首先,创业教育应当教授给学生与创业活动有关的最基本的知识,是学生学习"如何创办企业"的基础;其次,创业教育还应培养和塑造学生识别创业机会的基本素养与能力、整合人力资本与社会资本的能力、发展学生的批判思维与开拓创新能力;最后,创业教育在当前的时代背景下被大力提倡,还应该发挥引导良好创业文化环境的作用,进一步转变我国大学生"学而优则仕"的传统就业与择业观念,营造出"推崇创新、鼓励大胆尝试、宽容创业失败"的创业文化氛围。

---

① 张婷:《蒂蒙斯创业教育思想初探》,《当代教育论坛》,2007 年第 6 期,第 53 ~ 55 页。

高校作为实施创业教育的主体,首先要明确实施创业教育的真正目的,确立创业教育目标,再从教学入手,实现创业知识传授和创业能力乃至创业精神的培养。目前我国高校的主要创业教育活动包括创业教育选修课程、创业类讲座及各类创业大赛等。

3.1.3 研究述评

伴随创业教育的实施,相关研究也逐渐成为学术界的关注热点。我国首篇针对创业教育问题进行探讨的学术文献是胡晓风、姚文忠、金成林于 1989 年发表于《四川师范大学学报》中的文章《创业教育简论》,该文借鉴陶行知的生活教育概念,较早在我国提出了创业教育的理念。① 随后的几年当中,我国创业教育研究呈现出快速增长的趋势。以"创业教育""创新"与"创业"为关键词在中国知网学术文献总库进行检索,绘制出学术关注度(论文收录量)趋势图。由图 3-1 可见,仅 2000 年至 2015 年,"创业教育"的研究成果收录已由 72 篇上升到 2015 年的 2625 篇,增长 36 倍,以"创新"和"创业"共同为关键词进行检索可见,2000 研究论文收录仅 21 篇,至 2015 年已经增长至 3527 篇,增长了 168 倍,可以看出创新与创业日渐成为研究者关注的热点问题。

---

① 胡晓风、姚文忠、金成林:《创业教育简论》,《四川师范大学学报》,1989 年第 4 期,第 1~8 页。

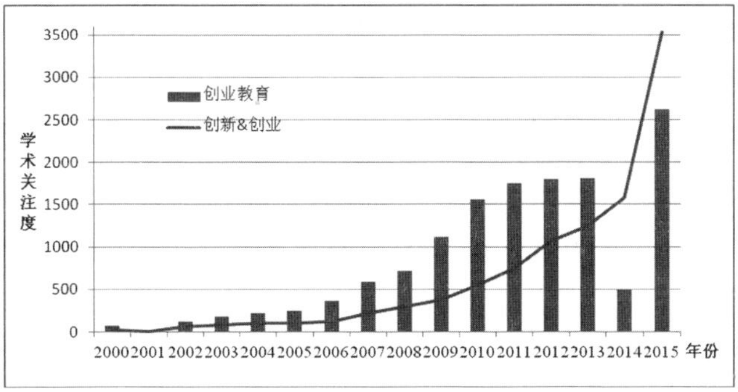

图 3－1　2000—2015 年创业教育学术关注趋势

从教育活动的组织实施来看，相关学者主要围绕国内外比较、创业政策分析、创业文化及创业教育实施与评估等问题展开。在国内外比较研究方面，主要关注了美国、英国、日本、德国、印度等国家的创新与创业教育发展经验，如针对美国 MIT、百森商学院等成功案例进行阐释和探讨，分析国外创业支持系统建设、创业教育模式等方面的成功经验，为我国创业教育发展提供借鉴。在创业政策分析方面，主要包括对各类创业政策的修订探讨和解读，以及创业政策对技术创新、区域经济发展、中小企业创业绩效等方面的影响研究①②；在创业文化与氛围方面，部分学者以中关村、深圳、温州等国家经济特区或经济发展典型区域为例，探讨了创业文化建设问题及其借鉴意义③④，也有部分学者通过实证研究的方法验证了创业文化对创

① 文亮、刘炼春、何善：《创业政策与创业绩效关系的实证研究》，《学术论坛》，2011 年第 34 期，第 128～131，168 页。

② 李良成、张芳艳：《创业政策对大学生创业动力的影响实证研究》，《技术经济与管理研究》，2012 年第 12 期，第 41～45 页。

③ 辜胜阻、李俊杰：《区域创业文化与发展模式比较研究——以中关村、深圳和温州为案例》，《武汉大学学报》（哲学社会科学版），2007 年第 60 期，第 5～11 页。

④ 高建设、罗志坚：《江西工业园区创业文化的形成与提升》，《求实》，2010 年第 3 期，第 46～48 页。

业动机及经济发展的影响关系①；在高校创业教育实施与评估方面，有大量研究探讨了创业教育课程科学设置的相关问题②③，也有研究梳理总结出当下创业教育实践中存在的各类问题，诸如院校重形式轻本质、重课程轻实践、高校创业文化氛围低迷等④，并提出相关政策建议。同时，一些研究者对我国创业教育核心环节及质量评价体系进行讨论⑤⑥，并通过实证资料收集对创业意向和创业胜任力进行评价⑦。

从大学生个体认知与心理发展的层面来看，研究者主要探索了创业教育对大学生心理素质、心理发展的影响，针对大学生创业意愿与倾向、创业认知、创业能力等个体因素展开讨论。一些研究者指出，创业教育通过改变个人特质、创业态度等因素促进创业意愿的变化⑧，但是也有一些研究者却认为创业教育对创业意愿并不具有显著的影响作用，例如 Wu 等人 2008 年对我国同济大学的在校大学生展开调查

---

① 仲伟伫、王亚平、王丽平等：《创业文化对创业者创业动机影响的实证研究》，《科学学与科学技术管理》，2012 年第 33 期，第 160 ~ 170 页。

② 连城：《论大学生创业教育与创业课程的科学设置》，《教育探索》，2009 年第 3 期，第 134 ~ 135 页。

③ 郑颖、赵冬梅：《本科院校创业课程设置刍议》，《河北师范大学学报》（教育科学版），2009 年第 11 期，第 45 ~ 48 页。

④ 翁细金、夏春雨：《高校校园创业文化建设研究》，《中国高教研究》，2011 年第 1 期。

⑤ 陈晖：《创业教育教学质量评价体系研究》，《中国高校科技》，2011 年第 11 期，第 74 ~ 75 页。

⑥ 李集城：《基于效率视角的创业教育质量评价体系研究》，《科技管理研究》，2012 年第 32 期，第 145 ~ 149 页。

⑦ 李明章、代吉林：《我国大学创业教育效果评价——基于创业意向及创业胜任力的实证研究》，《国家教育行政学院学报》，2011 年第 5 期，第 79 ~ 85 页。

⑧ 郭洪、毛雨、白璇等：《大学创业教育对学生创业意愿的影响研究》，《软科学》，2009 年第 23 期，第 69 ~ 74 页。

研究发现,创业教育并没有影响大学生的创业意愿①,这一研究结果也可能因为在2008年前后,同济大学的创业教育尚处于发展初期,社会支持理解创业的大环境尚不够成熟,学校创业教育的影响作用有限等各种因素,因此教育活动并没有对学生创业意愿带来明显的影响。时至2013年,我国高校在开展创业教育方面已付出较多努力,当前的创业教育能否促进大学生创业意愿的影响,还有待进一步调查研究。

3.2　创业意愿

3.2.1　概念辨析

意愿是个体的主观思维,反映的是人们将有意识的计划或决定付诸行动的心理动机②,尽管实际生活中个体真正实施某种行为还需要各种特定的外部环境和一定契机的诱因,但隐藏于行为背后的意愿才是行为得以付诸实施的深层次原因。Krueger 等人(2000)在研究基础上曾指出,意愿模型被认为是最好的预测创业活动的模型③。

创业意愿(Entrepreneurial Intention)是潜在创业者对从事创业活

---

① Wu S, Wu L. The impact of higher education on entrepreneurial intentions of university students in China [J]. Journal of Small Business and Enterprise Development. 2008 (15):752 ~ 775.

② Conner M, Armitage C J. Extending the theory of planned behavior: A review and avenues for further research. Journal of Applied Social Psychology. 1998(28):1429 ~ 1464.

③ Krueger Jr N F, Reilly M D, Carsrud A L. Competing models of entrepreneurial intentions[J]. Journal of business venturing, 2000, 15(5):411 ~ 432.

动与否的一种主观态度，表现出潜在创业者“想不想创业”的一种心理状态与行为倾向。创业意愿与个体创业行为之间有着密切的关系，是实施创业行为的一个先决因素①，研究者认为通过了解个体的创业意愿水平，能够更好地提高对创业行为的预测能力。

对于创业意愿的概念，不同学者的表述各不相同。有研究者将创业意愿定义为“将创业者的注意力、经历与行为指向创业行为的一种心理状态”②；也有研究者提出创业意愿是指潜在创业者对从事创业活动与否的一种主观态度，不同时间节点上会有不同的体现③。从多种创业意愿的定义可以看出，创业意愿是个体对于是否从事创业活动的主观态度与心理倾向，不同于以往人们关注企业家的创业能力的讨论，创业意愿更多的是基于人主观能动性去衡量和考虑，更加侧重讨论个体“想不想”创业的心理状态。值得注意的是，创业意愿具有一定的动态性和针对性，潜在创业者对于短期创业行为的意愿与长期创业行为的意愿是存在差别的，也就是说，通常个体短时间内创业和若干年后再创业的意愿会有所不同。个体一旦萌生创业的想法，尽管考虑到当前各种特定条件的短缺或局限，不会萌生近期创业意愿，但在未来较长一段时间的行为计划中仍会表现强烈的创业意愿；与此同时，个体当下的创业意愿水平和状态也可能因为经历、条件的变化而在未来发生改变。因此，作为高校创业教育活动，更应该关注大学生的长期创业意愿，研究长期创业意愿的影响因素对于大学生创业行为的预测更具指导意义。

---

① Kolvereid L. Prediction of Employment Status Choice Intentions[J]. Entrepreneurship Theory and Practice. 1996,21 (1):47 ~ 57.

② Bird Barbara J. Implementing Entrepreneurial Ideas:The Case for Intention[J]. The Academy of Management Review. 1988,13(3):442 ~ 453.

③ 王坤、李耘涛：《资源禀赋中介效应下的创业教育与创业意愿关系研究》，《武汉理工大学学报》（社会科学版），2012 年第 2 期，第 189 ~ 193 页。

3.2.2 研究述评

在计划行为理论中,意愿被认为是个体行为的最好预测指标,它对人的行为差异的解释力可达 30% 甚至更高①,因此,在创业行为的研究中,已有众多研究者将关注点聚焦在创业意愿上并讨论了个体创业意愿的影响因素,试图探析如何鼓励和激发更多的人选择创新创业。

研究者一方面借鉴了计划行为理论与理性行为理论的主要框架,论证了创业态度、感知行为控制、主观规范三方面对创业意愿的影响,并引申出行为信念、规范信念与控制信念等概念深入剖析个体创业意愿的形成与变化的内在机理。另一方面,研究者结合外部环境因素和个人特质因素对创业意愿进行了综合分析与考察。目前国内的学者较多地关注了农民工和大学生两类群体创业意愿的成因及影响因素。针对农民工群体,熊智伟与王征兵(2011)研究发现个人特质、感知行为控制、行为态度及主观规范等内部因素均对其创业意愿具有显著影响②。也有研究者认为基础设施、创业扶持政策、经济形势等外部因素对农民工创业意愿的影响更为显著③④⑤。尽管围绕农民工的创业

---

① Krueger Jr N F, Reilly M D, Carsrud A L. Competing models of entrepreneurial intentions[J]. Journal of business venturing, 2000, 15(5): 411 ~ 432.

② 张利利:《青岛市新生代农民工回乡创业意愿和影响因素实证研究》,青岛:中国海洋大学,2012 年版。

③ 侯俊华、顾新华:《农民工返乡创业意愿的实证研究——基于江西调查数据》,《调研世界》,2012 年第 11 期,第 31 ~ 33 页。

④ 朱红根:《外部环境与农民工返乡创业意愿关系的实证分析——基于江西省 1145 个农民工样本调查数据》,《经济问题探索》,2011 年第 6 期,第 59 ~ 64 页。

⑤ Grundstén H. Entrepreneurial intentions and the entrepreneurial environment [D]. Helsinki University of Technology, 2004.

意愿研究对于当代大学生的创业活动和创业意愿发展研究具有一定的借鉴意义，但两类群体的个人经历、知识结构、教育资源、心理期望等方面均存在明显的差异。与农民工群体相比，当代大学生的文化素质更高，但社会经历偏少、实践经验匮乏，这些差异都将导致大学生的创业活动和创业意愿影响因素有所不同，需要进一步开展专题研究。

国内外学者从不同方面探究了大学生创业意愿的影响因素。就大学生个体内部因素而言，Tkachev 和 Kolvereid(1999)通过调查苏联大学生，发现态度、主观规范和感知行为控制影响大学生的意愿①。Nurul 等人(2010)通过研究，验证个人特质(成就需求、自我效能)、人口学因素等变量对亚洲各国学生的创业意愿会产生程度不同的影响②。李永强等人(2008)将创业意愿的影响因素归结为大学生的冒险精神、内源控制和风险承担倾向三类③。王坤和李耘涛(2012)则通过实证研究发现大学生的创业品质、创业能力、创业知识均与创业意愿存在显著的相关关系④。从外部影响因素来看，Sequeira(2007)通过实证调研发现强关系社会网络能够更有效地促进美国大学生的创业意愿⑤。Wu 等人(2008)针对我国同济大学进行的调查发现，处于

① Tkachev A, Kolvereid L. Self - employment intentions among Russian students [J]. Entrepreneurship & Regional Development, 1999, 11(3): 269 ~ 280.

② Nurul, Rokhima, Tur Nastiti. Underlying Factors of Entrepreneurial Intentions among Asian Students[J]. The South East Asian Journal of Management. 2010(2).

③ 李永强、白璇、毛雨等：《创业意愿影响因素研究综述》，《经济学动态》，2008 年第 2 期，第 81 ~ 83 页。

④ 王坤、李耘涛：《资源禀赋中介效应下的创业教育与创业意愿关系研究》，《武汉理工大学学报》(社会科学版)，2012 年第 2 期，第 189 ~ 193 页。

⑤ Sequeira J, Mueller S L, Mcgee J E. The influence of social ties and self - efficacy in forming entrepreneurial intentions and motivating nascent behavior[J]. Journal of Developmental Entrepreneurship, 2007, 12(03): 275 ~ 293.

不同教育背景下的大学生通常具有不同的创业意愿水平①。毛雨(2009)等人通过调研数据验证了创业教育内容对创业意愿具有正相关的影响作用②。另外,不同于针对农民工群体的研究结果,齐昕与刘家树(2011)调查发现创业政策在对大学生创业意愿产生方面并没有直接的影响关系③。由此可见,已有的研究已经发现人格特质、认知因素、环境因素等多个方面对创业意愿的形成具有影响,但研究者也指出,大学生创业意愿的形成是一个复杂的过程,每种因素所起作用的大小及作用的机制均不相同④。2008 年前后,我国高等教育领域密集出台了一系列强化、支持创业教育的政策文件,各高等院校也积极响应,增设、开创了各种形式的课程教育和创业实践训练活动,高校的这些创业教育活动究竟效果如何,它对促进大学生个体认知变化,进而引发创业意愿的转变究竟有何影响,还有待深入调研和探索,也是本报告后文中将重点关注的问题。

综合梳理涉及大学生创业意愿形成的已有文献可以看出:在大学生个体层面的因素中,成就欲望、内控信念、个人价值观、冒险精神、前瞻性人格、人口学资料等个体特质因素属于较为稳定的因素,其中欲望、信念、价值观、精神等属于个体的人格内涵,源于潜在创业者长期的成长经历和人生积淀,通常很难通过短短几年的高等教育经历就发生根本、重大的改变。而创业自我效能感、机会识别能力、创业知识、

① Wu S, Wu L. The impact of higher education on entrepreneurial intentions of university students in China [J]. Journal of Small Business and Enterprise Development. 2008 (15):752 ~ 775.

② 毛雨、李永强、白璇等:《创业教育内容对学生创业意愿的影响》,《科学决策》,2009 年第 7 期,第 40 ~ 46,70 页。

③ 齐昕、刘家树:《大学生创业意愿影响因素研究——模型与实证》,《科技进步与对策》,2011 年第 28 期,第 151 ~ 155 页。

④ 叶映华:《大学生创业意愿影响因素研究》,《教育研究》,2009 年第 4 期,第 73 ~ 77 页。

创业能力、创业经验、主观规范等因为都是可以通过对大学生有意识地进行教育进而促使其发生变化,其中部分变量已经得到研究者的关注和重视。例如 Hofstede(1980)曾对全球50个国家与区域大学生创业意愿与创业决策自我效能感进行了调查分析①,Atilhan 等人(2010)基于 Hofsted 的研究进一步展开国别间的比较,论证了不同国家间大学生创业自我效能感对创业意愿的影响差异②。在本报告的研究中,创业自我效能感也将被纳入调查和分析框架,以便更详细地解释创业教育活动对大学生创业意愿的影响。

3.3 创业决策自我效能感

3.3.1 概念辨析

创业决策自我效能感(Self - efficacy of Entrepreneurial Decision - making)是指个体在职业选择过程中决定是否将创业作为职业选择的主观评价和信心程度,它属于职业决策自我效能感的范畴。对于创业决策自我效能感的深入理解应当从创业决策(Entrepreneurial Decision - making)和自我效能感(Self - efficacy)等概念入手。

20世纪70年代,Bandura 提出自我效能感这一重要概念,并将自

① Hofstede G. Culture's consequences: International differences in work - related values [M]. Sage Publications, Incorporated, 1980.

② Naktiyok A, Karabey C N, Gulluce A C. Entrepreneurial self - efficacy and entrepreneurial intention: the Turkish case [J]. International Entrepreneurship and Management Journal, 2010, 6(4): 419 ~ 435.

我效能感定义为个体对自己成功完成某项特定任务或工作所持有的信心①。自我效能感所涉及的并不是能力本身，而是个体对自己能否整合利用已有知识、能力以及资本去完成某项特定任务的自信程度。相比于意愿反映的是“想不想去行动”的问题，自我效能感更关注个体认为自己“能不能完成任务和工作”的主观判断。根据社会学习理论的研究观点，自我效能感具有动态性和可变性的特征，它会受到个人直接经验、替代经验、言语说服、心理与情绪激励、外部环境等因素的影响②。

个体的自我效能感水平对他们的行为具有重要的影响作用，表现在：一方面，自我效能会影响个体行为表现，具有高水平自我效能感的人能够在那些他们持有信心的领域中表现得更好，相反，在那些他们认为不具备较高效能的任务中表现欠佳③；另一方面，自我效能感也会影响个体行动的努力程度，自我效能感水平较高的个体在特定领域中更能持之以恒地解决问题，面对困境选择继续坚持而非放弃④。

自我效能感是一个笼统的自我评价概念，必须与特定的行为领域相结合才更具有解释意义⑤。Pajares(1997)认为，当分析和研究自我效能感的结构时，必须依据所关注的特定领域特征来分析并反映出该

---

① Bandura A. Social cognitive theory: An agentic perspective[J]. Annual review of psychology, 2001 (1): 1 ~ 26.

② Atilhan Naktiyok. Canan Nur Karabey. Ali Caglar Gulluce. Entrepreneurial self – efficacy and entrepreneurial intention: the Turkish case[J]. Int Entrep Manag J, 2010(6): 419 ~ 435.

③ Busenitz L W. Entrepreneurial risk and strategic decision making: it's a matter of perspective [J]. Journal of applied behavioral science, 1999(35): 325 ~ 339.

④ Daniel P, Forbes. The Effects of Strategic Decision Making on Entrepreneurial Self – Efficacy[J]. Entrepreneurship theory and practice, 2005(5): 559 ~ 577.

⑤ Lent R W. A Social Cognitive View of Career Development and Counseling[J]. 2005: 101 ~ 127.

领域内的不同任务特点，进而有针对性地研究该领域自我效能感问题①。在此基础上，学者们引申出数学自我效能感、计算机自我效能感、互联网自我效能感、创业自我效能感、职业决策自我效能感等一系列延伸概念和相关研究。有研究表明，自我效能感对于个体的职业决策具有显著影响作用，当个体针对某个行业具有较高水平的自我效能感时，通常会认为自己在该领域的工作中具有较强的控制力，将来能够取得较好的发展，他们也会更倾向于选择该行业作为未来的职业决策方向；相反，具有较低自我效能感水平的个体将会尽量回避本领域工作。这种针对职业选择过程的效能评价，可被称之为职业决策自我效能感。

研究者通过讨论职业决策自我效能感，希望能够进一步解释个体在选择不同职业、进行职业决策时的认知作用机制。在职业决策自我效能感研究中，Taylor 和 Betz(1983)认为影响个体进行职业决策的主要因素不是职业决策技能，而是个体对具体的职业决策能力的信心②。在理论研究的基础上，他们编制出职业决策自我效能感量表并借助该工具进行进一步的调查研究，职业决策自我效能感量表被划分为五个方面的内容，主要包括个体对能力评价、信息获取、目标确定、规划制订及问题解决五方面的自信程度。通过研究发现，个体在以上五个方面表现出较低自我效能感时，通常难以作出有效的职业决策，也难以在职业探索与职业技能中获得充分的发展③。基于职业决策自我效能感对个体职业选择的影响研究，我们进一步将自我效能感聚

---

① Pajares F. Current directions in self - efficacy research[J]. Advances in motivation and achievement, 1997(10):1 ~ 49.

② Taylor K, Betz N. Applications of self efficacy theory to understanding the treatment of career indecision. Journal of Vocational Behavior, 1983(22):63 ~ 81.

③ Betz N E, Klein K L, Taylor K M. Evaluation of a short form of the career decision - making self - efficacy scale[J]. Journal of Career Assessment, 1996, 4(1):47 ~ 57.

焦到创业选择上，并专门针对大学生对创业决策涉及的能力评价、信息获取、目标确定、规划制订及问题解决等方面的自我效能感展开研究，发掘个体在创业决策这一特殊的职业选择过程中的心理认知。其中，能力评价是指个体对于自身能力的了解，也包括个体对其创业兴趣、创业价值观等方面的评价；信息获取是指个人对创业领域的信息、资讯的了解程度；目标确定是指个人属性与创业能力的匹配；规划制订是指个体在作出创业决策后，能针对创业决策而制订创业行动规划的能力；问题解决是指解决或应对在创业决策过程中所遇到的各种问题或障碍的能力。

创业决策是个体面对复杂、难以预期的社会环境，应对变化、作出选择的过程，是创业者能够成功的关键要素。创业决策的内涵包括广义与狭义两种，狭义的创业决策是指个体作出创办企业、成为创业者的决策过程，即决定“要不要创业”的职业选择过程。广义的创业决策不仅包括创业者的创业职业决策，还包含了创业者进行创业企业运营过程中遇到的诸如选择捕捉创业机会、业务决策、风险投资等系列决策活动[65]。一般来说，尚未走出校园、很少有机会参与创业过程的大学生群体，对于企业运行过程的了解少之又少、他们几乎从未进行过类似商机把握与风险投资等重大创业决策，很难凭空估计自身能力是否足以进行创业企业运营。因此，针对大学生群体的创业决策自我效能感研究应当更侧重其对针对创业的职业选择与规划，属于狭义的创业决策范畴。

3.3.2 研究述评

自我效能理论已经在不同领域被广泛探讨，在创业与职业决策领域的应用将对创业决策自我效能感这一概念的深入分析和研究提供重要的借鉴。梳理目前国内外已有的创业自我效能感的研究，主要包括以下两大类：

第一，从个人特质的角度探讨不同个体在创业自我效能感上存在的差异问题。例如，Markman 等人（2002）调查证实创业者的自我效能感能够有效区分创业者与非创业者①。Chen 等人（1998）的研究发现，在创新、风险承担两个维度上，创业者与非创业者的创业自我效能水平存在显著差异②。丁明磊与王春研（2009）在三元交互理论研究的基础上，将高创业自我效能感界定为创业者特质③。通过以上研究，学者发现企业家与非企业家确实存在多方面的差异，然而是何种因素真正导致个体决定走上创业之路，还需更进一步研究与讨论。因此，创业自我效能感对创业意愿形成的影响关系受到研究者关注，一些研究者已经证实，创业自我效能感对创业意愿的形成有显著影响作用④，研究发现，创业自我效能感水平越高则个体的创业意愿越强⑤。

第二，探究影响创业自我效能感的多种影响因素，例如，Cox 等人（2002）通过调查青少年与工商管理学硕士并进行对比发现，创业

① Markman G D, Balkin D B, Baron R A. Inventors and New Venture Formation: the Effects of General Self - Efficacy and Regretful Thinking[J]. Entrepreneurship Theory and Practice, 2002, 27(2): 149 ~ 165.

② Chen C C, Greene P G, Crick A. Does entrepreneurial self - efficacy distinguish entrepreneurs from managers? [J]. Journal of Business venturing, 1998, 13(4): 295 ~ 316.

③ 丁明磊、王春研：《企业家创业的关键认知因素——创业自我效能研究》，《管理现代化》，2009 年第 3 期，第 12 ~ 14 页。

④ Naktiyok A, Karabey C N, Gulluce A C. Entrepreneurial self - efficacy and entrepreneurial intention: the Turkish case[J]. International Entrepreneurship and Management Journal, 2010, 6(4): 419 ~ 435.

⑤ Pihie L, Akmaliah Z. Entrepreneurship as a career choice: An analysis of entrepreneurial self - efficacy and intention of university students[J]. European journal of social sciences, 2009, 9(2): 338 ~ 349.

教育对于创业自我效能感具有显著促进作用①。Forbes(2005)研究证明决策能力对个体的创业自我效能感具有积极的正向影响②。Barbosa 等人(2007)研究发现,风险承担倾向会对个体创业自我效能感产生影响③。从文献综述可见,创业自我效能感作为预测变量能够对创业意愿产生影响,同时,创业自我效能感也作为因变量受到诸如风险承担倾向、决策能力等个人因素和创业教育的共同影响。

3.4　主观规范

3.4.1　概念辨析

主观规范(Subjective Norms)是计划行为理论中预测个体行为意愿的重要变量④,是指个人意图执行某项行为时,感受到其重要社会

① Cox L W, Mueller S L, Moss S E. The impact of entrepreneurship education on entrepreneurial self - efficacy[J]. International Journal of Entrepreneurship Education, 2002, 1(2): 229 ~ 245.

② Forbes D P. The Effects of Strategic Decision Making on Entrepreneurial Self - Efficacy[J]. Entrepreneurship theory and practice, 2005, 29(5): 599 ~ 626.

③ Barbosa S D, Gerhardt M W, Kickul J R. The role of cognitive style and risk preference on entrepreneurial self - efficacy and entrepreneurial intentions[J]. Journal of Leadership & Organizational Studies, 2007, 13(4): 86 ~ 104.

④ Conner M, Kirk S, Cade J, Barrett J. Why do women use dietary supplements? The use of the theory of planned behavior to explore beliefs about their use. Social Science and Medicine 2001, 52: 621 ~ 633.

关系的支持程度,也是个人从事某特定行为所预期的社会规范压力①。一般来说,每一个社会群体都有自己成文或不成文的规矩或规则,遵从这个共同的规则就会得到大家的认可,否则难以得到群体成员的理解,甚至会受到群体成员的排斥,特别是群体中的"意见领袖"的行为和态度,将会给个体行为带来心理上的压力②。

社会心理学的多项研究中已经发现,个体的主观规范是行为意向的预测变量,甚至被看作是决定个体行为意向的、仅次于态度的重要变量③,因此主观规范也是大学生毕业后职业选择的重要影响因素。大学生毕业后是否选择创业,一方面会受到父母、师长、亲友期望的影响,另一方面,也取决于个人是否遵从他人期望的动机水平,从而形成特定的行为准则,因此主观规范是一个群体的价值取向在个体层面的体现,是创业教育能否有效实施的重要情境因素。

在大学生创业领域中,主观规范就是大学生在进行创业决策、实施创业行为的过程中感受到来自家庭、社会的支持或压力。主观规范的形成取决于两方面,一是个体感知到的对自己重要的人对其进行某项行为的期望程度,即他人对于个体从事这一行为的期望,这种期望程度被称之为规范信念。个体受到他人的支持越多,则规范信念越高;二是个体对这些重要的人针对此事态度的遵从程度,即认为这些重要人群的支持程度对自身而言是否重要,也可称之为顺从动机。总体来说,当个体得到父母与亲友的创业支持最多,且

① Fishbein M, Ajzen I. Attitude - Behavior Relations: A Theoretical Analysis and Review of Empirical Research[J]. Psychological Bulletin, 1977 (5):888 ~ 918.

② 杨斌艳:《网络群体事件中网民的心理分析》,《网络传播》,2009 年第 9 期,第 32 ~ 33 页。

③ De Vries H, Dijkstra M, Kuhlman P. Self - efficacy: The third factor besides attitude andsubjective norm as a predictor of behavioral intentions. Health Education Research, 1988, 3:273 ~ 282.

个体非常看重这些支持，主观规范水平最高；当个体得到父母和亲友的创业支持最少甚至无法感受到亲友的支持，面临来自外界的重重阻挠与压力，且个体非常在意这种态度和这些消极的影响时，主观规范水平最低。

3.4.2 研究述评

计划行为理论广泛应用于多种社会科学研究中，主观规范作为其中的重要变量，也在相关研究中作为预测变量解释了个体多种行为意愿的变化。尽管 Ajzen(1991)通过实证研究发现个体的主观规范对于行为意愿的影响作用有限①，但仍然有大量研究对个体主观规范水平与行为意愿的关系进行了讨论。根据文献梳理与总结发现，主观规范与行为意愿的关系在个体购物、网络行为、社会行为规范执行、接受教育等多个领域的研究中得到证实。以网上购物研究为例，调查发现主观规范显著影响消费者网上购物意愿②，此外主观规范还通过影响风险知觉进一步影响到消费者的网上购物意向③。研究者还分析发现，可以从规范信念和顺从动机两方面进一步阐述主观规范，并分析了两者分别对消费者持续购物意愿的影响关系④，此外，调查还发现不同

---

① Ajzen I. From intentions to actions: A theory of planned behavior. Action Control: From cognition to behavior, 1985: 11 ~ 39.

② Wang M, Chen C, Chang S, et al. Effect of Online Shopping Attitudes, Subjective Norms and Control Beliefs on Online Shopping Intentions: A Test of the Theory of Planned Behaviour[J]. International Journal of Management, 2007, 24(2): 296.

③ 王勍：《主观规范、风险知觉与青少年网上购物意向的关系》，中国人民大学，2009年版。

④ 朱园飞：《基于计划行为理论对网上购物消费者持续购买意向的研究》，上海师范大学，2010年版。

人群的主观规范对其网购意愿的影响程度也存在差异①。

在与创业相关的研究中,主观规范对创业意愿的影响作用也开始受到研究者关注。张利利(2012)研究发现农民工群体在形成创业意愿的过程中更加重视家庭成员的意见②。李永强等人(2008)基于TPB理论证实了主观规范对大学生创业意愿的显著影响关系③。吴凡(2011)依据针对中、德两国大学生展开的调查结果发现主观规范显著影响到个体创业意愿的形成④。

大学生处于纷繁复杂的社会网络中,其创业意愿的形成不仅受到诸如教育、个人特质、心理状态等多方面因素影响,也离不开外界因素的作用。大学生对自身投入创业是否会得到支持的感知最终会对是否考虑选择创业产生一定程度的影响。后文中将继续探讨主观规范在创业教育与创业意愿之间发挥的影响作用。

3.5 计划行为理论

理性行为理论(Theory of Reasoned Action,TRA)认为,个人和他所处的社会的普遍观念是一个人的态度和价值观念的重要决定因素,在

---

① Evans K R, Christiansen T, Gill J D. The impact of social influence and role expectations on shopping center patronage intentions[J]. Journal of the Academy of Marketing Science, 1996, 24(3): 208 ~ 218.

② 熊智伟、王征兵:《农民工返乡创业意愿影响因素实证研究——基于江西省262名返乡创业农民工的调查数据》,《统计与信息论坛》,2011年第26期,第103 ~ 108页。

③ 李永强、白璇、毛雨等:《基于TPB模型的学生创业意愿影响因素分析》,《中国软科学》,2008年第5期,第122 ~ 128页。

④ 吴凡:《基于计划行为理论的创业意愿激励要素及交互效应研究》,上海交通大学,2011年版。

“理性人”的基本假设前提下，人们的一切行为都是在综合了自身的价值判断、估计了别人可能会产生的看法和综合考虑了社会规范后，经过理性思考最终作出的决定①②。在理性行为理论的基础上，Ajzen 研究发现，人的行为大多并非完全自愿，往往受其对特定情景控制能力的限制，因此他在理性行为理论的基础上引入“感知行为控制”这一新变量，提出计划行为理论（Theory of Planned Behavior，TPB）③。

TPB 模型包含影响行为意愿的五个关键要素：行为态度（Attitude toward the Behavior，AB）、主观规范（Subjective Norms，SN）、行为控制知觉（Perceived Behavioral Control，PBC）、意愿（Intention）与行为（Behavior），理论模型见图 3－2。变量关系具体表现为：行为态度、主观规范与感知行为控制共同影响行为意愿，意愿进一步决定行为变化。计划行为理论目前已广泛应用于教育学、企业管理、消费心理等研究当中。多种研究表明，该理论能够更好地了解和预测个体行为意图及其行为变化，显著提高人的具体态度对行为的解释力④。

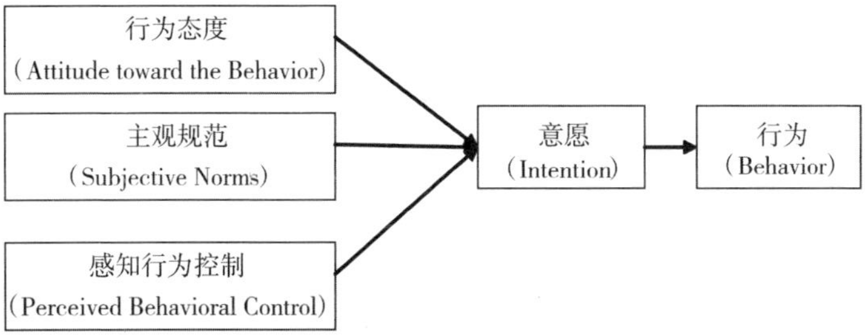

图 3－2 计划行为理论模型

① Ajzen I，The theory of planned behavior. Organizational Behavior and Human Decision-Processes，1991，50(2)，179－211.

② Ajzen I，Fishbein M. Understanding attitudes and predicting social behavior. Englewood－Cliffs，NJ：Prentice－Hall，1980.

③ Ajzen I. From intentions to actions：A theory of planned behavior. Action Control：From cognition to behavior，1985：11～39.

④ Myers D G. Social Psychology[M]. NY：McGraw－Hill，2005：138～139.

研究者对 TPB 理论中的主要变量做了以下解释:

意愿(Intention)是 TPB 理论的核心概念,是指个体是否打算采取某种行为,以及愿意为完成某行为去尝试和努力的倾向。意愿能够有效预测实际行为的产生①。

行为态度(Attitude toward the Behavior, AB)是个体对某种特定行为的评价,表现为个体对进行该行为的喜好程度。行为态度会对行为意愿产生影响,而态度主要源自于个体的行为信念和对行为结果的评价。

感知行为控制(Perceived Behavioral Control, PBC)是个体感受到自己完成某行为的难易程度。PBC 与 Bandura 自我效能理论中的自我效能感概念类似,表示个体在执行某行为之前对自己能够在什么水平上完成该行为活动所具有的信念、判断或主体自我感受②。自我效能理论认为,个体的自我效能感的影响作用贯穿于行为实施之前及整个行为过程中。

主观规范(Subjective Norms, SN)是个体考虑采取某种行为时感受到的社会支持与压力③。主观规范表现为个体感知到朋友、家庭和社会对其某种行为的期望与建议。

TPB 理论自问世以来,在教育行为、医疗健康行为、消费行为等研究领域得到广泛应用。多种研究证实了该理论对于个体态度与行为的解释力,例如 Martin 等人(2010)利用 TPB 模型研究证实大学生赌

① Krueger Jr N F, Reilly M D, Carsrud A L. Competing models of entrepreneurial intentions[J]. Journal of business venturing, 2000, 15(5): 411 ~ 432.

② Bandura A. Social Learning Theory[M]. NY: Prentice Hall. 1977: 102 ~ 125.

③ Fishbein M, Ajzen I. Attitude – Behavior Relations: A Theoretical Analysis and Review of Empirical Research[J]. Psychological Bulletin, 1977 (5): 888 ~ 918.

博态度、知觉行为控制、赌博主观规范能够更好地预测赌博行为①。姚艳红、罗焱(2006)依据TPB理论构建选择旅游目的地模型,揭示旅游者目的地选择的心理及行为特征,指出证实态度、主观规范和主观感知对目的地选择意向具有显著影响作用②。单汨源等人(2009)基于TPB理论分析论证了项目成员知识共享行为的影响因素,包括倾向态度、主观规范、行为控制认知等内在因素及其他外在因素③。姚增福、郑少锋(2010)借助TPB理论观点分析了种植户生产行为意愿的内生性因素,证实行为态度、主观规范、感知行为控制对行为意愿的显著影响作用④。针对创业领域,Nishimura和Tristan(2011)根据计划行为理论,使用全球创业观察(Global Entrepreneurship Monitor,GEM)数据论证态度、主观规范等因素预测个体创办新企业行为⑤。国内学者李永强等人(2008)检验TPB模型在中国学生创业意愿中的应用,利用主观规范、创业态度、感知行为控制三个变量验证了其对中国大学生创业意愿的影响⑥。以上研究从多个方面证实了TPB理论对行为意愿预测的适用性,揭示了个体行为态度、感知行为控制及主观规范对行为的影响。

---

① Martin RJ, Usdan S, Nelson S et al. Using the Theory of Planned Behavior to Predict Gambling Behavior[J]. Psychology of addictive behaviors,2010(03):89~97.

② 姚艳虹、罗焱:《旅游者目的地选择的TPB模型与分析》,《旅游科学》,2006年第5期,第20~25页。

③ 单汨源、黄婧、彭丹旎等:《基于TPB理论的项目成员知识共享行为研究》,《科技管理研究》,2009年第7期,第443~444,450页。

④ 姚增福、郑少锋:《种植大户生产行为意愿影响因素分析——基于TPB理论和黑龙江省378户微观调查数据》,《农业技术经济》,2010年第8期,第27~34页。

⑤ Nishimura JS, Tristan OM. Using The Theory of Planned Behavior To Predict Nascent Entrepreneuship[J]. Acedemia - revista Latinoamericana De Administracion,2011(6):55~71.

⑥ 李永强、白璇、毛雨等:《基于TPB模型的学生创业意愿影响因素分析》,《中国软科学》,2008年第5期,第122~128页。

然而，TPB 理论也受到部分学者的质疑，例如 Armitage 等人(2001)研究发现，行为态度、主观规范及感知行为控制对意愿和行为变异的解释率分别仅为 39% 和 27%①，说明这些因素只能够部分解释个体行为意愿的变化，对于个体行为的影响因素还需纳入其他因素进一步考察。

3.6 三元交互决定论

19 世纪后半叶开始，西方心理学研究者提出许多著名的观点，关于儿童心理发展的研究，“环境决定论”和“遗传决定论”曾经是研究者争论的两个著名对立观点，前者认为儿童未来的成就与发展主要是由个体后天所处的环境影响的，因此儿童心理发展关键取决于后天的教育和环境因素。后者则认为儿童心理的发展是由先天的、不变的遗传所决定的，儿童心理发展过程就是这些先天遗传的自我发展和自我暴露的过程，与外界影响、教育关系不大，外界的影响和教育即使对儿童心理发展起作用，至多也只能促进或延缓素质的自我发展和自我暴露，不能改变它的本质。

20 世纪 60 年代，美国著名心理学家 Bandura 对以往心理学界争论的“环境决定论”和“遗传决定论”进行了批判，他认为个体行为的产生既不是单独由环境因素造成的，也不是仅决定于个人因素。在此基础上，他提出了三元交互决定论（Triadic Reciprocal Determinism，TRD），这一理论认为个体行为、人的内部因素、环境因素三者是彼此

① Armitage C J，Conner M. Efficacy of the theory of planned behaviour：A meta - analytic review[J]. British journal of social psychology，2001，40(4)：471 ~ 499.

相互联结、相互决定的①。他把"交互"(Reciprocal)这一概念描述为"事物之间的相互作用",把"决定论"描述为"事物影响的产物"。

结合行为主义、人本主义及认知心理学的观点,三元交互决定论扬弃了以前研究的优点并指出了他们的不足,将个体、环境、行为三者联结在一起。其中个体因素主要涉及认知、自我评价、思维等方面;行为因素可以分为潜在行为和实际行为两方面;环境则主要是指个体行为活动的场所、氛围、文化等特征。Bandura 提出,环境、人与其行为之间互为因果,两两之间都具有双向决定与互动关系,进而形成一个环状的共同系统(如图 3-3 所示)。从个体的角度讲,人既是环境的产物,也是环境的营造者②。一方面,个人所处的环境会对个体特质、能力及行为态度等产生影响。身处不同环境的人,为了适应这一情景中的各类问题就必须学习相应的知识、训练相关的技能,最终成长为截然不同的个体;另一方面,个体会根据自我能力的判断规避无法控制的情景,选择进入自己能力范围内的环境,进行能够促进个体胜任承担的工作,并在这个过程中进一步反馈、影响甚至改造外部环境。

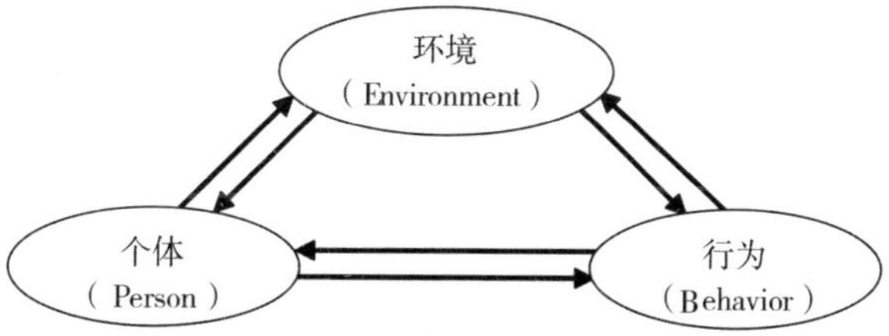

图 3-3 三元交互决定系统

以意愿对行为的有效预测力为理论前提,后文中的研究框架还将

① Bandura A. Self-efficacy[M]. NY:Freeman. 1997.

② Bandura A. Multidimensional scales of perceived self-efficacy[J]. Unpublished test, Stanford University, Stanford, CA, 1990.

借鉴三元交互决定论的观点分析中国大学生的创业教育和创业意愿。本报告中关注的创业决策自我效能感变量是个体进行职业决策并确定将创业作为将来职业选择之前,对自己所具备的能力和掌握的资源的认识与主观评估,是非常重要的个体创业心理因素。创业决策自我效能感将会对个体实施创业的行为意愿产生影响。高校开展的创业教育活动、大学生所感知的主观规范都是影响大学生职业决策的重要环境因素,大学生在接受创业教育活动和受到来自父母、亲友的职业建议影响后,将会对其创业自我效能感等因素产生影响,并进一步改变学生的创业意愿和未来的职业选择。与此同时,大学生的职业意愿和职业选择也会反馈、影响甚至改变个人因素和学校创业教育活动。

3.7 自我效能理论

社会学习理论的创始人 Bandura 从社会学习的观点出发,在 1977 年提出自我效能理论(Self - Efficacy Theory),用以解释个体在某种特定情境下产生行为动机的原因。自我效能感被认为是个人会对实施某项活动所需能力进行主观评估,这种评估的结果将会直接影响其实施该活动的动机[①]。自我效能理论的提出在学术界产生巨大影响,成为教育学、心理学、管理学等多种学科的研究热点,基础教育、企业管理、微观经济、临床医学等领域学者结合该理论进行了大量研究与讨论。

自我效能理论认为,个体是否实施某种特定行为,并不完全受其

① Bandura A. Social cognitive theory: An agentic perspective [J]. Annual review of psychology, 2001 (1): 1 ~ 26.

结果期望的影响①。换言之，个体对于实施某行为的结果预期并不是采取行动的决定性因素。相比于预计行为结果，个体更倾向在采取行动之前评估自己能否胜任、是否具有信心。这种对自身胜任力的估计可被称之为自我效能感。有研究认为，自我效能感才是个体产生行为动机、采取行动的决定性因素②。自我效能感的影响作用是通过个体行为选择、思维与动机形成的中介过程得以实现的③。一方面，借鉴三元交互决定论的观点，个体在自我效能评估的前提下更倾向选择自己能够有效应对的行为环境，而回避自觉无法控制的情景。另一方面，自我效能感在思维与动机的形成过程中，通过对个体行为目标设定以及事后归因方式的影响，进而改变个体行动选择、努力程度与坚持程度。

自我效能理论在形成和发展的过程中还提出了自我效能感的四大来源，分别包括：直接经验、间接经验、言语劝说及环境与情绪反应。直接经验是指个体对亲身经历的成就感知，它是自我效能感最基本的来源；间接经验是个体通过观察他人行为所获得的认知；言语劝说是指个体接受他人针对其执行力的语言鼓励；环境与情绪反应是指个体在面临某项任务时的身心反应。大学生与创业相关自我效能感，主要来自于参加学校组织的各类创新教育和实践活动，与亲友、朋友交流对待职业与创业的看法、观点，受身边创业者和各种媒体中的创业明星激励感染等，这些方面都会影响到大学生创业自我效能感的获得。

基于以上论述，可以看出大学生选择参与创业教育、成长为潜在创业者的过程同样会受其自我效能感的影响。如果大学生认为自己

① Bandura A. Social foundations of thought and action：A social cognitive theory[M]. NJ：Prentice - Hall，1986.

② 郭本禹、姜飞月：《自我效能理论及其应用》，上海教育出版社，2008 年版。

③ 梅伟惠：《美国高校创业教育》，杭州：浙江教育出版社，2010 年版。

能够成功创业,便会倾向于选择接触更多与创业相关的知识和信息,这些都有利于促进创业意愿的产生。因此,在本报告的研究中也将引入自我效能理论探讨大学生创业决策自我效能在创业教育中的影响作用。

第四章

调研设计

本研究在前述背景与文献梳理的基础上，开展了关于大学生创业问题的结构化访谈，围绕大学生创业教育、创业意愿及其影响因素等问题并展开进一步分析调查。通过梳理总结访谈内容、回顾相关理论研究，进行问卷设计与发放，探索创业决策自我效能感、主观规范在创业教育对创业意愿发展过程中的影响作用。尽管目前国内外学者对于创业意愿的影响因素研究较为广泛，关于创业教育对创业意愿的实证研究也较为常见，但在我国高等教育背景下，从大学生心理层面的感知出发研究创业教育以何种路径影响创业意愿的探索有待于继续深入。

4.1 调研目标

从现实问题可以看出，我国大学生面临着严峻的就业压力。面对国家提出“推进创业教育、以创业带动就业、培养创新创业人才、建设创新型国家”的政策诉求，鼓励更多具有创新精神和创业能力的大学生创办企业，不仅能够实现“以创业带动就业”，还能有效促进社会经济发展。

我国自20世纪初期引入创业教育理念以来，创业教育的实施和大学生创业水平都发生了明显的变化。创业教育旨在向大学生推广创新创业理念，教授创业知识，为社会培养更多具有企业家精神的创业“种子选手”。目前，我国大学毕业生普遍表现出就业意愿单一、创业意愿过低、创业成功率较低等问题，探讨如何改变大学生创业意愿一直是众多学者研究关注的热点。基于以上研究背景，国内外学者已进行了相关的研究与论述。一方面，研究者通过实证研究论证了创新创业对于国家发展的重要作用，鼓励大学生进行创新创业；另一方面，诸如计划行为理论、社会学习理论等能够有效解释个体行为变化的理论已广泛应用于创业者成长的影响因素的研究领域中，多种因素对大学生创业意愿的影响也得到有效验证。其中，创业教育、创业信心及外界支持等因素对大学生创业意愿的影响作用尤为显著。

基于研究背景和理论回顾，问卷主要针对大学创业教育对学生创业意愿的影响关系进行调查，对于高校如何有效开展创业教育、组织创业活动、为学生提供创业就业指导、激发和提高大学生创业意愿具有重要意义。鉴于此，通过半结构化访谈和问卷调查主要了解以下问题：

1）目前陕西高校创业教育实施情况如何？开展了哪些形式的创业教育？

2）学生对学校创业教育的反应如何？通过接受创业教育对“创业”“从事创业”的认识发生了哪些变化？

3）当前的创业教育是否改变了大学生的创业意愿？如何改变？

4）创业教育主要通过何种路径影响大学生创业意愿的产生？个

体从事创业的信心及身边亲友的情感支持对大学生创业发挥了怎样的作用?

4.2　访谈设计

为了更好地了解大学生对创业教育活动的认知,进一步印证文献研究结果,聚焦问卷调查内容,初步梳理问卷调查关系,问卷调查之前,首先进行了半结构化访谈设计。半结构化访谈对访谈对象的条件、所要询问的问题等只有一个粗略的基本要求,访谈者可以根据访谈时的实际情况灵活地做出必要的调整,至于提问的方式和顺序、访谈对象回答的方式、访谈记录的方式和访谈的时间、地点等没有具体的要求,由访谈者根据情况灵活处理,只以方便访谈者围绕访谈提纲畅所欲言、真实作答为原则,访谈提纲包括以下内容:

1)您是否曾经有过创业的经验?周围是否有创业的同学、朋友、亲友?

2)您是否考虑过将来去创业?您想创业的最主要原因有哪些?

3)毕业即开始创业与毕业若干年后再创业,您更倾向于哪种?

4)您认为哪些因素最能促进创业意愿的产生?

5)您希望学校能够提供哪些形式和内容的创业教育?

6)目前很多高校已开设了一些创业教育课程并举办了相关活动,如开设课程、开办讲座、组织实习、成立俱乐部、设立论坛等,你觉得哪种方式更喜闻乐见?

7)您对将来创业是否有信心?您的创业意愿是否在很大程度上源于这种信心?

8)亲人与朋友是否支持您创业？您认为亲朋的态度重要吗？

9)创业教育是否会对您的家人和朋友产生影响,改变他们对大学生创业的态度？

10)除以上谈到的问题,您认为还有哪些因素也会促使个体更愿意去选择创业？

围绕上述问题,2012 年末至 2013 年初,共计 20 位西安交通大学高年级在读大学生接受了调查访谈,为进一步印证问卷调研内容提供了现实素材,具体的访谈启示也将在问卷调研内容设计中分别提及。

4.3 问卷调研内容

调研主要围绕高校开展的创业教育如何影响大学生的创业意愿,大学生的创业决策自我效能感和主观规范在学生创业意愿形成过程中发挥怎样的作用进行。

4.3.1 创业教育对创业意愿影响

关于创业教育对大学生创业意愿的影响关系已经在众多研究中得到证实。孙蕾和庄娱乐(2009)认为,在有学校提供就业与创业指导的情况下,学生的自主创业意愿更强①。唐静和朱广志(2010)通过调查广州市大学创业教育开展现状,表明创业教育特别是创业课程设置

① 孙蕾、庄娱乐:《关于高校学生自主创业意愿的实证分析》,《现代教育管理》,2009 年第 2 期,第 114 ~ 117 页。

对学生创业动机、创业经验与生涯规划具有正向影响作用①。李璐(2011)通过调查天津市创业文化、高校及家庭创业教育实施现状和大学生创业意愿状况，验证创业教育、创业文化与创业意愿之间的关系②。但是，也有学者调查显示，创业教育对大学生创业意愿不具备显著影响，如Wu等人(2008)对我国同济大学的大学生进行调查，研究发现教育程度、学科背景及学术成就对大学生创业意愿具有影响，而创业教育不影响大学生创业意愿③。对于这一结果，Wu解释到：调查阶段我国高校创业教育刚刚起步，高校在创业教育方面的工作较少，因此以往研究中证实的创业教育对大学生创业意愿的影响作用尚未得到显现。由此可见，创业教育的有效实施是能够促进大学生创业意愿的。

对于创业教育对创业意愿的影响，也可从三元交互决定理论的角度得到论证。尽管三元交互决定论关注个体、环境与行为的影响关系，但是由于意愿对行为的有效预测作用，探讨教育环境、大学生心理层面内容及创业意愿之间的关系同样适用三元交互决定论。三元交互决定论认为个体、环境与行为三因素互相作用、互相影响，个体在通过行动改造环境的同时，也是环境与行为缔造的"产物"。大学生参与了学校的创业教育活动，融入创业教育环境，参与创业知识学习与能力锻炼等，对于创业的认识与态度也会在这种鼓励创新与创业的文化环境中逐步发生变化，这种变化将会感染甚至影响学生进行创业的行为意愿，进而促使其在关注创业活动，并在适当

---

① 唐静、朱智广：《创业教育对大学生创业影响的实证研究——以广州大学城十所高校为例》,《常州大学学报》(社会科学版),2010年第11期,第95~99页。

② 李璐：《创业文化、创业教育与大学生创业意愿关系研究》,天津大学,2011年版。

③ Wu S,Wu L. The impact of higher education on entrepreneurial intentions of university students in China[J]. Journal of Small Business and Enterprise Development. 2008(15):752~775.

契机下开始投入创业。

在围绕创业教育对于创业意愿的影响等问题进行访谈时，发现访谈对象普遍认为接受创业教育能够使其创业意愿发生改变，学习了足够的创业知识，进行了充分的实践锻炼，会更愿意去尝试创业。可见，现实情况确如研究与理论所述，创业教育会对创业意愿产生促进作用。另外，从计划行为理论的观点来看，大学生的行为意愿源自于态度、主观规范及感知行为控制等态度因素的影响，大学生接受创业教育的同时，态度因素及周围的环境会潜移默化地发生变化，这种变化发生在大学生对创业的好恶、对自身创业能力的信心及对社会期望的态度等方面，这种影响将会对创业意愿的形成产生影响。基于以上分析，得到以下研究假设：

H1：创业教育正向影响大学生创业意愿。

4.3.2 创业教育对创业决策自我效能感的影响

针对创业教育对创业决策自我效能感的影响作用，也有相关研究对其加以验证。在众多研究中，自我效能感被认为是导致创业意愿的重要前提。创业者角色只有通过自我效能感才能对创业意愿产生影响①。从已有研究可以看出，自我效能感对创业意愿具有正向影响作用。如 Krueger 等人(1993)指出创业自我效能感是感知创业意愿、实施创业的一个重要前导变量②。Cox 等人(2002)通过对青少年学生与工商管理学硕士之间进行对比调查，发现创业教育对于创业自我效能

① Krueger N, Dickson PR. How Believing in Ourselves Increases Risk - taking - Perceived Self - efficacy and Opportunity Recogniton[J]. Decison Sciences, 1994(3): 385 ~ 400.

② Krueger N. The impact of prior entrepreneurial exposure on perceptions [J]. Entrepreneurship Theory and Practice, 1993(1): 1 ~ 5.

感具有显著促进作用①。Wilson 等人(2007)通过实证调查,揭示了创业教育对个体创业自我效能感和创业职业决策意愿的影响②。Nurul 等人(2010)通过研究,验证自我效能感对于亚洲各国学生的创业意愿产生程度不同的正向影响③。丁明磊等人(2009)通过比较和实证研究来开发基于创业者角色的创业自我效能感模型,证实创业教育对创业自我效能感有显著影响④。从以上研究可以看出,创业教育对于创业自我效能感的影响已在国内外得到普遍验证,创业决策自我效能感作为创业自我效能感中的重要部分也会受到创业教育的影响。同时,还有相关研究论证了职业决策自我效能对于具体职业意愿的影响作用。Taylor 和 Betz(1983)认为影响个体进行职业决策的主要因素个体对具体的职业决策能力的信心⑤。如果个体在创业职业决策领域具有较强信心,则会激发选择该职业的意愿,会更倾向进行创业决策相关探索。根据 Betz 与 Taylor 对职业决策自我效能感的维度划分,即能力评价、信息获取、目标确定、规划制订及问题解决五个维度来看,这些维度分别涉及个体进行职业决策的多层面信心,因此问卷中也将聚焦于大学生进行创业职业决策方面,借鉴前述研究同样从个体的创业能力评价、信息获取、目标确定、规划制订及问题解决五个方面进行

① Cox L W, Mueller S L, Moss S E. The impact of entrepreneurship education on entrepreneurial self – efficacy[J]. International Journal of Entrepreneurship Education, 2002, 1(2):229 ~245.

② Kickul J, Marlino D. Gender, Entrepreneurial Self - Efficacy, and Entrepreneurial Career Intentions: Implications for Entrepreneurship Education1[J]. Entrepreneurship theory and practice, 2007, 31(3):387 ~406.

③ Nurul, Rokhima, Tur Nastiti. Underlying Factors of Entrepreneurial Intentions among Asian Students[J]. The South East Asian Journal of Management. 2010(2).

④ 丁明磊、杨芳、王云峰等:《试析创业自我效能感及其对创业意向的影响》,《外国经济与管理》,2009 年第 31 期,第 1 ~7 页。

⑤ Taylor K, Betz N. Applications of self efficacy theory to understanding the treatment of career indecision. Journal of Vocational Behavior, 1983(22):63 ~81.

讨论。

自我效能理论认为，个体的直接经验、间接经验、他人言语说服以及环境、情绪因素是自我效能感的主要来源。大学生参与创业教育的过程中，不仅能够通过创业课程指导获得间接经验、受到教师及专家的言语引导和说服，也能通过实践锻炼获得相应的创业体验，从而增强创业决策各个方面的自我效能感。因此，大学生参与创业教育能够增强创业决策自我效能感。此外，在访谈中讨论创业教育对创业信心的影响作用时，访谈对象普遍认为接受创业教育能够获得相关经验，增进创业的信心，使自己对将来创业有更多的了解、准备和更充分的把握。由此可见，创业教育对大学生创业决策自我效能感的增强具有促进作用。综上所述，得出以下研究假设：

H2：创业教育正向影响大学生创业决策自我效能感。

4.3.3 创业教育对主观规范的影响

个体主观规范的差异性对他们创业教育的态度及创业意愿的产生具有重要影响。多种研究证明主观规范能够较好地预测个体行为的变化。Ajzen(1980)等人研究表明，个人感知到其重要参考群体，如配偶或其他家庭成员对其行为的支持与否，可以对个体特定行为的选择产生实质性的影响①。Hee(2000)认为这种感知压力在中国文化情境下更加显著。研究者进一步在创业研究中证实了主观规范对创业意愿存在重要影响，他们发现，如果父母原本就是创业者，这对创业者的创业意愿影响更大。针对中国的研究也发现，配偶的支持更是女性

---

① Ajzen I, Fishbein M. Understanding attitudes and predicting social behavior. Englewood - Cliffs, NJ: Prentice - Hall, 1980.

愿意从事创业的一个重要影响因素①,主观规范同样对中国大学生创业意愿的影响效应是显著的②。

对于在校大学生而言,主观规范是大学生对于自己进行创业决策时感受到外部的支持程度和压力水平。通过访谈发现,大学生认为接受各类创业教育能够使自己更有效地向身边亲友传播创新创业的理念,也会促进父母、亲友对创新创业的理解和支持。他们认为一方面系统学习创业知识的学生可以更多、更有意识地感受到来自外界的支持,另一方面自身学习更多创业教育知识,也能够促使家人与朋友转变对其进行创业的态度,从而获得较多的支持。关于创业教育对主观规范的研究目前尚在起步阶段,但目前已经开展的部分研究已经证明了教育因素对个人主观规范会产生影响,如 Mousa 等人(2004)在调查伊朗妇女哺乳幼儿情况时,发现营养教育能够促进其主观规范,进一步改变其营养哺育行为③,证明针对性的教育对于个体特定行为的主观规范存在影响作用。

主观规范是重要社会关系对大学生创业想法与行为的支持或反对程度,受到他人对创业看法的影响。如果大学生的亲友认为他们选择创业对其未来发展和职业生涯更有益,能够带来较好的收益,则会倾向于支持其选择创业,大学生的主观规范水平相应也会提高。因此,创业教育不仅仅对大学生创业有一定影响,也影响和辐射到大学生身边的重要社会关系,进而又改变了在校大学生的主观规范水平。

---

① 钱永红:《创业意向影响因素研究》,《浙江大学学报》(人文社会科学版),2007 年第 37 期,第 144 ~ 152 页。

② 李永强、白璇、毛雨等:《基于 TPB 模型的学生创业意愿影响因素分析》,《中国软科学》,2008 年第 5 期,第 122 ~ 128 页。

③ Mousa S,S M Kimiagar,M Shahbazi,et al. Assessing the impact of nutrition education on growth indices of Iranian nomadic children:an application of a modified beliefs,attitudes,subjective – norms and enabling – factors model[J]. British Journal of Nutrition,2004(91):779 ~ 787.

在访谈中，讨论到创业教育对亲友产生的影响时，有访谈对象认为接受创业教育能够增强自己说服亲友支持创业的信心，同时还能起到向社会宣传创业、营造鼓励创业文化氛围、促使亲友接受创业的作用。综上所述，得到以下研究假设：

H3：创业教育正向影响主观规范。

4.3.4 创业决策自我效能感对创业意愿的影响

在众多研究中，创业自我效能感被认为是导致创业意愿的重要前提。创业者角色只有通过自我效能感才能对创业意愿产生影响①。国内外多种研究证实，创业自我效能感对创业意愿具有正向影响作用②。同时，也有大量研究证实，创业自我效能感作为中介变量，能够更好地解释个体创业意愿的产生与提高。Zhao 等人（2005）在通过实证研究发现自我效能感在创业前因、风险承担倾向与创业意愿之间的中介作用③。刘万利等人（2011）基于创业自我效能与感知风险的混合效应，构建了创业意愿概念模型，表明创业自我效能在显著影响创业意愿的同时还具有显著的中介效应④。张敏（2011）通过研究验证大学生创业自我效能感对创业意愿有正向预测作用，且在大学生情绪

---

① Krueger N, Dickson PR. How Believing in Ourselves Increases Risk – taking – Perceived Self – efficacy and Opportunity Recogniton[J]. Decison Sciences, 1994(3): 385 ~ 400.

② 刘新学、吴地花：《影响学生职业决策自我效能感的因素分析》，《职教论坛》，2012 年第 31 期，第 75 ~ 77 页。

③ Zhao H, Seibert S E. The mediating role of self – efficacy in the development of entrepreneurial intentions. Journal of Applied Psychology, 2005, 90: 1265 ~ 1272.

④ 刘万利、胡培、许昆鹏：《创业机会真能促进创业意愿产生吗——基于创业自我效能与感知风险的混合效应研究》，《南开管理评论》，2011 年第 5 期，第 83 ~ 90 页。

智力和创业意愿之间起着完全中介作用①。汪姣（2012）将创业自我效能感作为中介变量证实了其在创业教育与创业意愿之间的中介作用②。此外，在职业决策自我效能感研究领域同样发现，职业决策自我效能感对于个体职业探索、职业意愿具有正向影响作用。Taylor 和 Betz（1983）的研究发现，个体的低职业决策自我效能阻碍了个体的职业探索行为③。李磊琼（2007）研究认为，职业决策自我效能与职业未决之间有显著的负相关，效能感越高，越不会出现职业未决的情况，反之亦然④。从这些研究都可以看出职业决策自我效能感或创业决策自我效能感对职业或创业选择具有积极的影响。

从计划行为理论的视角来看，创业意愿受到个体态度、感知行为控制及主观规范的影响。创业决策自我效能感作为感知创业决策行为控制力的相近概念，同样会对个体创业意愿产生影响。从自我效能理论视角来看，大学生在选择创业之前会对自身体力进行主观评价和估计，如果认为自己的能力能够应对将来创业过程中的种种困难，并在创业中获得成功，则会更趋向于选择创业，表现出较强的创业意愿；如果大学生创业决策自我效能水平较低，认为以自己的能力根本无法进行创业，难以获得成功，则会在职业决策时选择回避创业，表现出不愿考虑从事创业意愿。本研究在访谈中也发现，访谈对象普遍认为创业教育能够让个体对创新创业活动有更加客观的认识，同时激发个体的创业信心，而信心增强又能够促使其选择更加关注创新与创业活

---

① 张敏：《大学生情绪智力、创业自我效能感与创业意愿的关系研究》，河南大学，2011 年版。

② 汪姣：《大学生创业教育与创业意向的关系：创业自我效能感的中介作用》，山东师范大学，2012 年版。

③ Taylor K，Betz N. Applications of self efficacy theory to understanding the treatment of career indecision. Journal of Vocational Behavior，1983（22）：63 ~ 81.

④ 李磊琼：《家庭因素对大学生职业决策自我效能及职业未决的作用》，江西师范大学，2007 年版。

动,并产生更强的创业意愿,更有可能投入创业。因此,创业教育能够通过促进创业决策自我效能感,并进一步影响大学生的创业意愿。基于以上论述分析,本研究结合假设 H2 关于创业教育对创业决策自我效能感的影响作用,提出以下假设:

H4:创业决策自我效能感在创业教育与创业意愿之间发挥了中介作用。

4.3.5 主观规范对创业意愿的影响

主观规范是计划行为理论中的一个核心变量,多种研究证明主观规范能够较好地预测个体行为的变化。Ajzen(1980)等人研究表明,个人感知到其重要参考群体,如配偶或其他家庭成员对其行为的支持与否,可以对个体特定行为的选择产生实质性的影响①。Hee(2000)认为这种感知压力在中国的文化情境下特别显著②。Norris F 和 Kolvereid(2009)在创业研究中证实了主观规范对意愿存在重要影响③。李永强(2008)等人的研究表明主观规范对中国大学生创业意愿的影响效应是显著的④。钱永红(2007)认为,配偶的支持是女性创业意愿的重要影响因素⑤。Bulter 与 Herring(2011)发现如果父母原本就是创业者,这对子女

① Ajzen I, Fishbein M. Understanding Attitudes and Predicting Social Behavior [M]. Englewood Cliffs, New Jersey: Prentice - Hall, 1980.

② Hee S P. Relationships among Attitudes and Subjective Norm: Testing the Theory of Reasoned Action across Cultures [J]. Communication Studies, 2000, 51(2): 162 ~ 175.

③ Iakovleva T, Kolvereid L. An integrated model of entrepreneurial intentions [J]. International Journal of Business and Globalisation, 2009, 3(1): 66 ~ 80.

④ 李永强、白璇、毛雨等:《基于 TPB 模型的学生创业意愿影响因素分析》,《中国软科学》,2008 年第 5 期,第 122 ~ 128 页。

⑤ 钱永红:《女性创业意向与创业行为及其影响因素研究》,浙江大学,2007 年版。

的创业意愿影响更大①,父母给孩子精神和物质上的支持对大学生是否选择创业影响较大。王满四与李楚英(2011)研究证实外部支持因素能够很好地预测大学生的创业意愿②。这些研究都可以看出,主观规范对于创业意愿具有较强的预测力。一般来说,在选择创业之前,个体一方面会考虑自己对创业的喜好程度、自身能力与创业活动所需的素质要求的匹配程度,一方面还需考虑外界对其创业的支持程度。

在中国大学生教育及职业选择问题研究中,主观规范更是一个不容忽视的变量。研究者们已经阐述了个体行为动机产生过程中,会感受到来自家庭、朋友、其他监护人以及社会的压力,而这种压力在“父为子纲”和“父母命、须敬听”的中国传统文化中更加明显。21 世纪前,中国大学生由政府包分配的就业政策,也让社会更认可大学生毕业后去政府、国有企业和事业单位就职,这些都成为开展创业教育和推动大学生从事创业的一个阻力,但是这种阻力又不能简单地一概而论。在访谈过程中也发现大部分访谈对象都认为,个人选择创业离不开家人与朋友的理解和帮助,如果得不到亲友的认可与理解,则会动摇创业信念,他们会重新考虑是否应该继续创业选择,甚至放弃创业想法,依从家人的意愿进行其他的职业选择。因此,主观规范对大学生创业意愿的形成具有重要影响,个体感受到外界的支持越多,就越倾向于选择投入创业。可见,主观规范对于大学生创业意愿具有影响作用,大学生主观规范水平较低,会削弱其创业意愿。因此,结合假设 H3 关于创业教育对主观规范的影响,本书提出以下假设:

H5:主观规范在创业教育与创业意愿之间起中介作用。

---

① Butler J S,Herring C. Ethnicity and entrepreneurship in America:Toward an explanation of racial and ethnic group variations in self - employment[J]. Sociological Perspectives, 1991:79 - 94.

② 王满四、李楚英:《基于六因素模型的大学生创业意愿影响因素分析——来自广州的调查》,《广州大学学报》(自然科学版),2011 年第 10 期,第 90 ~ 95 页。

4.4 问卷框架

根据上述论述,调研问卷拟以创业教育为自变量,探讨其对大学生创业意愿的影响关系。根据创业教育实施的状况,将从课程教育与实践教育两个环节探讨创业教育对各变量的影响作用;根据创业决策自我效能感所包含内容,拟从目标确定、能力评价、信息获取、规划制订和问题收集五方面对创业决策自我效能感与创业教育、创业意愿之间的影响关系展开讨论。此外,问卷还将调查大学生的基本信息,并将学生的性别、籍贯、所在学校、专业类别、学业阶段、参加课外活动情况、兼职与工作经历、实习与调研经历等作为研究过程中的控制变量。简单理论框架模型及各变量之间的逻辑关系如图4－1 所示。从图4－1 可以看出,创业教育通过影响创业决策自我效能感进而影响创业意愿;创业教育通过影响主观规范进而影响创业意愿。

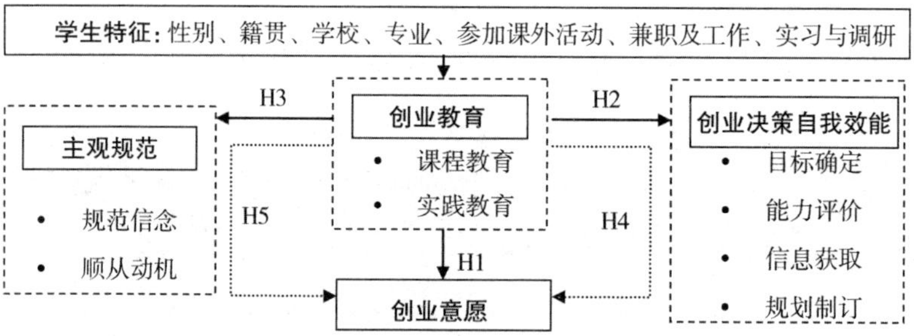

图 4－1　理论模型

基于上述理论分析,调研问卷将重点研究以下假设,如表 4－1 所示。

表 4-1　假设列表

	假设内容
假设 H1	创业教育正向影响创业意愿
假设 H2	创业教育正向影响创业决策自我效能感
假设 H3	创业教育正向影响主观规范
假设 H4	创业决策自我效能感在创业教育与创业意愿之间起中介作用
假设 H5	主观规范在创业教育与创业意愿之间起中介作用

4.5　数据来源

陕西省作为中国的高等教育大省，具有高等教育办学类型齐全、学科分布均匀的特点，且陕西省经济发展水平位居全国中等水平。因此，本研究选取陕西省西安市的七所高等院校作为样本抽取单位，这七所高校基本能够代表陕西省高校层次分布。

问卷对象以在校应届毕业生（本科四年级学生、硕士应届毕业生）为研究样本进行了调查。选择应届毕业生主要是考虑到毕业生即将由于面临着职业选择与就业的问题，应届毕业生对于将来的职业选择与发展会有更深刻的思考和认识。同时，应届毕业生已基本完成了大学阶段的学习任务，对个体接受过的创业教育的程度及其他实践经历都有较为客观、系统的评价。因此，本研究主要选择陕西省高校的应届毕业生作为调查对象，通过方便抽样与随机抽样的方法选择部分样本进行调查。

问卷调查包含预测式问卷和正式问卷调查两个环节，正式问卷调查的七所高校分别包括一所"211"、"985"工程首批入选高校（西安交通大学)、两所教育部重点院校(长安大学、西安电子科技大学)、两所普通院校(西安建筑科技大学、宝鸡文理学院)、一所独立院校(西安交大城市学院)、一所民办院校(欧亚学院)。借助应届毕业大学生参加校园招聘会的机会,在宣讲会现场发放并回收了部分问卷;此外,还利用高年级学生上课间隙和课后时间进行问卷发放。

4.6 变量测量

4.6.1 创业教育

创业教育是由高校开展的,旨在向学生推广创业理念,教授创业知识,培养创业能力和创业精神的教学活动。基于对创业教育实施情况与研究现状的分析,问卷将从大学生参与创业教育课程学习与创业实践活动两方面进行调查,多层次评价大学生接受创业教育的状况。

问卷测量旨在调查了解大学生接受创业教育的情况,分析所接受的教育对创业意愿的影响。在充分了解研究现状的基础上,研究对陕西省高校实施创业教育状况进行调查整理,在第二章中已经报告了陕西省部分高校近年来在创业教育课程与实践方面进行了不同程度的尝试与探索。

创业教育课程方面,通过进一步梳理可以发现,陕西省目前开设的课程主要包括以下几类:1)职业生涯发展相关课程;2)创业指导类课程,如“大学生创业指导”“就业指导与创业教育”等;3)创业基础类课程,如“创业基础”“大学生创业基础理论与竞赛指导”“创业学”“创业管理与风险投资”等;4)与创业机会识别相关的课程,如“识别与评价创业机会”“技术项目评价与选择”等;5)与创业计划书撰写相关的课程;6)创业资金筹集相关课程,如“创业企业融资”“创业投资项目调查与可行性分析”等;7)创业政策法规类课程,如“创业经营法律风险与防范”等;8)创业企业管理相关课程,如“小企业经营谋略与技巧”“创业企业组织设计与团队建设”“创业企业的团队建设与管理”等。

创业实践训练方面,作为一门实践性较强的课程,创业实践训练是创业教育的重要组成环节,其顺利地实施往往离不开实践环节的保障。从陕西省高校创业教育实践环节的实施情况来看,各个高校组织的创业教育实践活动也可归为:1)参加由创业成功人士或专家进行的讲座;2)到学校成立的创业指导机构咨询;3)参观大学生校企共建创业实践基地;4)参加创业社会调研;5)参与大学生创业社团活动;6)参加创业竞赛赛前培训;7)参加各级各类创业竞赛;8)申请大学生创业基金等多个方面。

从以往的研究来看,在创业教育研究方面,以往的研究者仅将学生接受创业教育的情况进行简单的程度划分,以“没有学习过”“学习过一些”“系统学习过”等划分来调查学生接受创业教育的情况,有些研究甚至是将高校是否开设创业教育的情况作为创业教育对大学生创业影响的自变量进行研究,对创业教育活动的评价较为简单,受调查大学生只能主观判断自己学习创业的程度,夹杂了个人态度与情感因素。本调查中,针对创业教育的测量首先依据高校创业教育情况进行了深入的调研,在区分了课程教育和实践教育两个类型的基础上,又进一步梳理了课程教育的类别,不同形式实践教育活动的划分,并以此为基础进行问卷调查,既考查了学生是否参与过该类课程或活动,又考查了学生对该类课程知识、信息的了解程度。此外,还调查了大学生对自身接受创业教育程度的整体评价。这样调查不仅为后期变量关系分析提供数据基础，同时也能够较为客观地呈现大学生参与创业实践教育、学习创业课程的现实情况。

4.6.2 创业意愿

创业意愿是个体对自己是否进行创业的主观态度，表现为“想不想创业”的心理状态与行为倾向。鉴于当前社会公众对创业的理解存在歧义，常将生存型创业与机会型创业混为一谈。为了能够区分两种意愿进行比对，本书将从时序上对大学生的创业意愿加以区分，将“毕业即创业”的观点界定为短期创业意愿，将“毕业后先就业，若干年后等时机和条件成熟，有能力时再着手创业”的观点定义为长期创业意愿。基于对创业教育的上述认识，本调查中将更加侧重大学生长期意愿影响关系的讨论。

创业意愿的程度因人而异，而个体也因情境等一些其他外部因素影响和干扰而在不同时期表现出不同的意愿。因此，创业意愿的测量并不是简单回答“是”或“否”的问题，更应考虑到个体意愿程度的强弱。目前已有不少学者采用多种方法对个体的创业意愿进行测量。创业意愿测量较为成熟的量表有 Chen 等人(1998)编制的 5 项创业意愿量表，包括“对创办新企业多感兴趣”“对创办新企业的考虑程度”“创办新企业的准备程度”“尽最大努力去创办新企业的可能性”和“多久后将创办新企业”五个问题①，该量表具有较好的信度和效度且被很多学者引用。Zhao 和 Seibert 于 2005 年编制的创业意愿测量问卷

① Chen C C, Greene P G, Crick A. Does entrepreneurial self - efficacy distinguish entrepreneurs from managers? [J]. Journal of Business venturing, 1998, 13(4): 295 ~ 316.

强调测量创业者是否对未来的5—10年内创业有兴趣①。Thompson开发编制的个人创业意愿量表(Individual Entrepreneurial Intent Scale, IEIS)从6个项目测量创业意愿，鉴于该量表的广泛使用，其跨国家和跨人种的稳定性得到有效验证②，对于我国大学生创业意愿测量具有一定的借鉴意义。针对中国创业个体，范巍和王重鸣从创新导向、成就导向、个人控制、责任感、自我尊重5个维度编制了我国个体创业意愿调查问卷③。郭洪、毛雨、白璇等人2009年从个体兴趣、计划、成就导向、个人控制、责任感及自我尊重等层面对大学生创业意愿进行调查④。经总结梳理，对于较为常见创业意愿的测量问卷进行举例，见表4－2。

表4－2　创业意愿测量维度及题项举例

题项或维度	研究者
Chen 等人(1998)	对创办新企业多感兴趣、对创办新企业的考虑程度、创办新企业的准备程度、尽最大努力去创办新企业的可能性、多久后将创办新企业等问题
Zhao、Seibert (2005)	在未来的5—10年内，被试对从事典型的创业活动(开公司、收购小公司、开始并建立一个快速发展的公司和收购并让公司快速发展)有多感兴趣
Thompson (2009)	我打算将来开办公司、我从不寻找创业机会、我愿意为开公司而存钱、我不会去阅读关于如何开公司的书籍、我不知道如何创办企业、我会花时间学习创业知识等问题

① Zhao H, Seibert S E. The mediating role of self－efficacy in the development of entrepreneurial intentions. Journal of Applied Psychology, 2005, 90: 1265～1272.

② Thompson E R. Individual entrepreneurial intent: Construct clarification and development of an internationally reliable metric [J]. Entrepreneurship Theory and Pratice. 2009(5): 1042～2587.

③ 范巍、王重鸣：《创业意愿维度结构的验证性因素分析》，《人类工效学》，2006年第12期，第14～16页。

④ 郭洪、毛雨、白璇等：《大学创业教育对学生创业意愿的影响研究》，《软科学》，2009年第23期，第69～74页。

续表

题项或维度	研究者
范巍、王重鸣(2006)	创新导向、成就导向、个人控制、责任感、自我尊重等维度
郭洪等(2009)	以往兴趣、计划、自由职业偏好、受限制时的职业偏好、行为期望等维度

通过梳理可以发现,国外学者对测量维度的设计更关注长期创业意愿,侧重于测量大学生对将来若干年后进行创业的心理倾向测量,即被测者先选择其他职业,在工作若干年后再选择适合的时机进行创业的意愿。例如 Zhao 与 Seibert 的问卷更侧重了解个体 5—10 年内的创业意愿。Thompson 的问卷侧重调查个体对将来创业的意愿及为创业付出努力的态度,还体现出对创业意愿多项测量的要求。根据当前高校开展创业教育的目标,本书将重点讨论大学生对其毕业之后若干年选择创业的意愿。鉴于 Thompson 的 IEIS 问卷更具实用性及简洁性的特征,本研究将参考 IEIS 问卷的设计,在结合中国情景进行适当调整的情况下,对大学生创业的意愿进行测量。同时,为了与“毕业即创业”的短期创业意愿进行有效区分,问卷还将添加一道针对短期意愿测量的题目。

4.6.3 创业决策自我效能感

创业决策自我效能感是个体在职业选择中,决定是否将创业作为职业的主观评价和信心程度。报告中将借鉴目前较为成熟的职业决策自我效能感量表结构,参考创业自我效能感研究内容,构建大学生创业决策自我效能感量表。

目前,国内外众多学者针对创业自我效能感测量开发出一系列量表。例如 Chen 等人 1998 年编制的 22 个项目的创业自我效能感测量量表,从营销、创新、管理、风险承担和财务控制5个维度对创业自我效能感进行测量,该量表能够显著区分创立者和非创立者①。De Noble等人提出了区别于一般管理技能的几个核心创业技能,将创业自我效能感划分为发展新产品与市场机会、解决未知挑战、发展重要人力资源、界定核心目标、构建创新环境、初始投资关系6个维度,并在此基础上开发了一个包含35个项目的创业自我效能感评价量表。国内研究者韩力争、傅宏在借鉴国内外相关研究中的自我效能感问卷的具体项目基础上,编制了包含基本能力效能感和控制效能感两维度的大学生创业自我效能感量表,该量表对于大学生创业自我效能感的测量也有较好的参考价值②。目前国内外应用最广泛的自我效能感量表是Chen等人1998年编制的创业自我效能感量表和De Noble1等人1999年编制的创业自我效能感评价量表。上述两种量表从不同的维度,为个体的创业能力提供评估问卷,由受调查者依据对题项所持信心程度进行作答。表4-3、表4-4分别为Chen等人、De Noble等人编制的创业自我效能感测量量表部分举例。

表4-3　创业自我效能感量表题目举例③

测量维度	题项列举
市场	制定市场份额的目标并实现之、制定并实现销售目标、建立产品的市场地位、进行市场分析、扩大公司业务
创新	提出投资新想法、构想新产品与服务、发掘新市场与地域、创造产品、市场与管理的新方法

① Chen C C, Greene P G, Crick A. Does entrepreneurial self-efficacy distinguish entrepreneurs from managers? [J]. Journal of Business venturing, 1998, 13(4): 295~316.

② 韩力争、傅宏:《大学生创业自我效能感量表的构建》,《南京师大学报》(社会科学版),2009年第1期,第113~118页。

③ Chen C C, Greene P G, Crick A. Does entrepreneurial self-efficacy distinguish entrepreneurs from managers? [J]. Journal of Business venturing, 1998, 13(4): 295~316.

续表

测量维度	题项列举
管理	减少风险与不确定性、制定战略规划、发展信息系统、通过设定目标来管理时间、确立并实现企业目标、制定组织的规则与政策
风险承担	应对企业中可预计的风险、在不确定性与风险中进行决策、承担想法与决策的责任、在压力与挑战下工作
财务控制	进行财务分析、发展财务系统与内部控制、控制公司开销

表 4-4 创业自我效能感评价量表题目举例①

测量维度	题目举例
发现新产品与市场机会	我可以看到新产品与服务中的市场机遇
	我能够辨明具有发展潜力的新领域
	我能及时地为市场提供新的产品概念
营造创新环境	我能营造一种鼓励人们尝试新事物的工作环境
	我能与他人建立合作与联盟关系
	我能营造一种具有互动性的工作环境
建立投资者关系	我能与潜在投资者建立并维持良好的关系
	我能和具有人力资源的重要人士建立关系
	我能确定投资的潜在资源
确定核心目标	我能清晰地表达组织的价值观
	我能激励他人去接受企业的愿景和价值观
	我能说服别人去接受我的观点

① De Noble A, Jung D, Ehrlich S. Initiating New Ventures: The Role of Entrepreneurial Self - efficacy[C]. Paper presented at the Babson Research Conference. Babson College. Boston, 1999.

续表

测量维度	题目举例
应对未知挑战	在连续的困难、压力与挑战下，我仍能高效工作 我能解决商业环境中不可预期的挑战 面对来自反对者的负反馈与挫折，我仍能保持乐观的态度
发展关键人力资源	我能招募和训练关键人员 我能制定应急计划以回填关键技术人员 我能确定和建立管理团队

从以上两组创业自我效能感的测量题项可以看出，其测试内容主要是针对企业家运营企业及创业准备等方面内容的调查。例如 Chen 等人编制的创业自我效能感量表涉及诸如发展财务系统和内部控制、建立市场定位、应对企业中可预计的风险、控制公司开销等题项，这些内容更针对社会创业者与企业家，对大学生创业群体来说可能较为陌生。我国高校创业教育实施尚处于起步阶段，大部分大学生还未接受系统的创业教育，多数学生还不太了解具体企业创办与运营的过程，无法对上述量表的题项做出比较客观、全面的回答。因此，尽管 De Noble 和 Chen 等人编制的创业自我效能感量表对本研究具有重要的借鉴意义，但并不适用于本调查的情景和针对大学生创业决策自我效能感的测量。

对于职业决策自我效能感研究，国内外学者也开发了相关调查量表。心理学家 Holland(1977)利用其提出的人职互择理论开发了职业未决量表，其中涉及了对职业决策自我效能感的测量题项①。Betz 等

① Holland J L, Holland J E. Vocational indecision: More evidence and speculation [J]. Journal of Counseling Psychology, 1977, 24(5): 404 ~ 413.

人依据自我效能理论构建职业决策自我效能感理论框架,并对其进行了深入的研究并编制了相关测量问卷①。目前,Betz 与 Taylor 在 1983 年编制的职业决策自我效能量表(Career Decision Making Self - efficacy Scale,CDMSE)应用较为广泛,该量表从自我评价能力、收集职业信息能力、挑选目标能力、制订未来的规划、问题解决能力 5 个方面测量个人进行职业决策的信心,设置了 50 道题项。随着对职业决策自我效能领域研究的深入,Betz 等人又于 1996 年对 CDMSE 进行简化,将题项缩减为 25 道,形成职业决策自我效能感短表(CDMSE - FS)量表②,该量表在多种研究中均证实有较好的信度与效度。我国学者彭永新和龙立荣借鉴 Betz 的 CDMSE,进行了本土化修改,剔除部分题目后,添加了部分符合中国大学生进行职业决策的题项,最终形成了包含 39 道题项的职业决策自我效能感量表(见表 4 - 5)。经实证调研发现,该问卷具有较好的信度、效度。

表 4 - 5　职业决策自我效能感量表 CDMSE 修订版③

测量维度	题目数	具体题项
自我评价	6	有多大信心确定你理想的职业或工作是什么
		有多大信心判断一种职业或工作中你认为最有价值的东西
		有多大信心确定你最有能力的职业或工作
		有多大信心选择一个适合你能力的职业或工作
		有多大信心准确地评价你的能力
		有多大信心成功地应付求职面试过程

① Betz N E, Taylor K M. Manual for Career Decision - Making Self - Efficacy Scale [J]. Columbus, 1994:4 ~ 23.

② Betz N E, Klein K L, Taylor K M. Evaluation of a short form of the career decision - making self - efficacy scale[J]. Journal of Career Assessment, 1996, 4(1):47 ~ 57.

③ 彭永新、龙立荣:《大学生职业决策自我效能测评的研究》,《应用心理学》,2001 年第 2 期,第 38 ~ 43 页。

续表

测量维度	题目数	具体题项
信息获取	9	有多大信心查找你感兴趣的职业或工作的信息
		有多大信心查找有关聘用你所在系大学生的用人单位的信息
		有多大信心了解某一职业或工作的发展前景
		有多大信心获取老师或辅导员的求职推荐信
		有多大信心找老师询问与你所学专业有关的职业和工作的情况
		有多大信心查明目前或未来某种职业或工作的就业趋势
		有多大信心查明某一职业或工作的人均月收入或年收入
		有多大信心找一个你感兴趣职业或工作的已参加工作的人交谈
		有多大信心利用各种社会关系，获得职业和工作信息
问题解决	7	有多大信心即使你灰心丧气时，仍坚持为你的职业目标而努力
		有多大信心解决找工作时遇到的经济困难
		有多大信心当你的父母或朋友要你从事你力不能及的职业或工作时，违背他们的意愿
		有多大信心解决与男或女朋友求职时的各种冲突
		有多大信心利用国家就业政策和法规，保护自己的正当权益
		有多大信心选择你想要的职业或工作，即使它的就业机会呈下降趋势
		有多大信心找到就业机会严重不足时的暂时应对措施

续表

测量维度	题目数	具体题项
目标选择	9	有多大信心列出几个你感兴趣的职业或工作
		有多大信心选择一个适合你个人前途的职业或工作
		有多大信心从你正在考虑的可能的职业或工作中挑选一个职业或工作
		有多大信心选择一个适合你喜爱的生活方式的职业或工作
		有多大信心做出职业决定,不会担心是对还是错
		有多大信心选择你的父母不同意的职业或工作
		有多大信心描述你想要从事职业的工作事务
		有多大信心选择一个适合你兴趣的职业或工作
		有多大信心挑选一个最好的职业或工作,即使要付出更大的努力
规划制定	8	有多大信心为你的职业或工作目标制订下一个近期和长期计划
		有多大信心确定你需要采取的行动步骤,以便成功地获得你已选择的职业或工作
		有多大信心获得与你未来职业或工作目标有关的工作经验
		有多大信心找到并利用人才交流中心,参加人才交流会
		有多大信心为了实现你的职业目标,列出你愿意或不愿意失去什么
		有多大信心为了你的职业目标,决定你是否报考研究生或参加职业培训
		有多大信心学习专业以外的有助于你的未来职业的技能
		有多大信心查找关于研究生招生的信息

从彭永新和龙立荣的职业决策自我效能感量表 CDMSE 修订版量表内容可以看出,该量表主要针对大学生职业决策自我效能感进行测量,所含题目比较符合大学生的认知水平,涉及内容涵盖大学生生活与求职的内容。然而,该量表并没有准确的职业决策定位,部分只针对大学生获得就业机会、途径而进行的评价,例如查找有关聘用所在

系大学生的用人单位的信息、获取老师或辅导员的求职推荐信、找到并利用人才交流中心参加人才交流会等，这些内容并不完全适用于创业决策自我效能感的测量，尚需进一步修改和筛选。因此，报告中将主要借鉴相关创业自我效能感量表内容，主要针对大学生创业决策的特点对 CDMSE 量表做了进一步改编，形成大学生创业决策自我效能感问卷。

4.6.4 主观规范

主观规范是个体考虑创业时感受到的社会支持与压力，表现为个体感知到朋友、家庭和社会对自己执行创业的期望和支持程度。研究表明主观规范是创业意愿的重要影响因素。我国大学生感知到的社会压力，主要包括来自家庭以及其他社会支持力量的压力。大学生在规划自己的未来职业时容易受到外界的影响，此时，父母、亲友的意见和想法对于他们的职业选择非常重要。借鉴国内外对于主观规范的论述与研究，本报告将主要从规范信念和顺从动机两大来源入手对大学生的主观规范水平进行测量，按照计算公式求的大学生主观规范的整体得分。报告中涉及主观规范的问卷题项包括以下两方面的问题：第一，您的家人、朋友对您创业的支持程度，该类题目是对规范信念的测量；第二，您对家人、朋友的意见的重视程度，该类题目是对大学生顺从动机的测量，针对这两个方面的问题，共有四个题项。

4.7 问卷设计

调查问卷借鉴国外量表的部分,经过问卷的比较选取、中英文问卷互译等程序,具体设计步骤如下:

首先,通过文献研究获得相关研究量表,对外文问卷进行了中英文两轮互译以确保题项的准确,对同一核心变量的多种测量问卷进行对比,选择适用于本研究的量表,联系北京师范大学彭永新教授并获得职业决策自我效能感量表,根据本研究的实际特点和中国文化情境对题项进行了适当修正。

其次,依据访谈和调研、文献梳理的结果,针对大学生创业特点完善修正问卷题项,增加学生基本信息调查部分,汇总形成问卷初稿。

再次,进行问卷预调研。在形成问卷初稿后,选择西安交通大学部分学生进行了预调查。预调查共发放问卷 90 份,回收有效问卷 86 份。借助 SPSS 20.0 对回收数据进行分析,分析结果显示,创业意愿量表借鉴 Thompson 所编制的个人创业意愿调查量表中部分题目信效度较低,经过重新梳理调整后,创业意愿测量部分共有 4 道题项。此外,预调研的其他数据分析结果较为理想,测量变量之间的假设关系基本成立,支持了本研究的预期框架,因此对问卷进一步做适当修改和文字完善,对问卷中的语意表达及部分题项进行了调整,使其更加符合受调查大学生的思维方式和理解习惯。下一步可以进行大样本的测试。

最后,正式问卷调查。正式问卷主要包括六个部分:第一部分是对问卷的简短的说明,向调查对象解释本次研究的目的与内容,并附上感谢语;第二部分是对调查对象基本信息的了解。主要包括性别、籍贯、学科、所在院校、所处年级、参与社团活动情况及其他实践经验的调查;第三部分是对大学生接受创业教育的情况进行调查,首先是采用 Likert 5 级量表分别对大学生参与实践、课程的整体程度进行调查。创业实践教育情况描述由是否参加过,"一点也不了解""很少了解""不确定""有些了解""十分了解"5 个等级进行衡量,创业课程教育由描述是否参加过,"一点也不了解""很少了解""不确定""有些了解""十分了解"5 个等级进行衡量;其次,通过对陕西省高校目前开展创业教育的情况进行总结分类,列出创业教育课程设置及实践活动的种类供调查对象选择,以进一步客观调查大学生参与创业教育的情况;第四部分和第五部分分别是对大学生创业意愿与创业决策自我效能感的调查,分别借鉴了 Thompson 编制的个体创业意愿量表和彭永新、龙立荣修订的汉化版职业决策自我效能感量表,并进行了针对本研究问题的改编。问卷采用 Likert 5 级量表,大学生对创业意愿各题项描述由"完全不同意""部分不同意""不确定""部分同意""完全同意"5 个等级进行衡量,对创业决策自我效能感各题项由"完全无信心""基本无信心""不确定""基本有信心""完全有信心"5 个等级进行衡量;第六部分是对大学生主观规范情况的调查,借鉴 Ajzen 在提出计划行为理论之时给出的主观规范测量方法编制题目,对亲友支持程度的题目由"坚决反对""反对""不确定""比较支持""大力支持"5 个等级进行衡量,对亲友意见重要程度评价的题目由"非常不重要""不重要""重要""比较重要""非常重要"五个等级衡量。最终形成的问卷题项结构如表 4-6 所示。2012 年 12 月—2013 年 4 月间,研究者进行了正式问卷发放工作。

表 4-6 调研变量描述①

变量	维度	题项说明	题目来源
创业教育	课程教育	根据以下题项的陈述，进行从 1（从未学习过）到 5（系统学习过）的选择：a. 职业生涯发展相关课程；b. 创业指导相关课程；c. 创业基础课程；d. 创业机会识别相关课程；e. 创业计划书撰写相关课程；f. 创业资金筹集相关课程；g. 创业政策法规课程；h. 创业企业管理相关课程	依据陕西省七所高校创业教育实施情况调查结果编制
	实践教育	根据以下题项的陈述，进行从 1（从未参加过）到 5（经常参加）选择：a. 参加由创业成功人士或专家进行的讲座；b. 到学校成立的创业指导机构咨询；c. 参观大学生校企共建创业实践基地；d. 参加创业社会调研；e. 参与大学生创业社团活动；f. 参加创业竞赛赛前培训；g. 参加各级各类创业竞赛；h. 申请大学生创业基金	
创业意愿	短期意愿	根据以下题项的陈述，进行 1（完全不同意）到 5（完全同意）选择：我打算毕业后马上开始创业	依据 Thompson（2009）学者等量表改编
	长期意愿	根据以下题项的陈述，进行从 1（完全不同意）到 5（完全同意）的选择：a. 我打算毕业之后先就业，若干年后再创业；b. 我愿意为在生活中寻找创业机会；c. 我愿意花时间去了解创业相关知识	
主观规范	规范信念 顺从动机	对题目做出从 1（坚决反对/非常不重要）到 5（大力支持/非常重要）的选择：a. 您的家人对您创业的支持程度；b. 您的朋友对您创业的支持程度；c. 您对家人意见的重视程度；d. 您对朋友意见的重视程度	依据彭永新、龙立荣（2003）等学者量表改编

① De Noble A, Jung D, Ehrlich S. Initiating New Ventures: The Role of Entrepreneurial Self - efficacy [C]. Paper presented at the Babson Research Conference. Babson College. Boston, 1999.

续表

变量	维度	题项说明	题目来源
创业决策自我效能感	目标确定	以下维度,学生根据题项的陈述,进行从 1(一点信心都没有)到 5(充满信心)的选择。目标确定的测量题项包括:a. 我能确定创业就是我最理想的职业选择;b. 我确信创业对我来说是有价值的;c. 我确信选择创业是符合我的兴趣爱好的	依据 Ajzen(1991)和 Hee(2000)等学者量表改编
	能力评价	包括:a. 我能够通过与他人协商以获得创业支持;b. 我认为自己具备一定创业能力;c. 我能够在日常生活中发掘创业机会;d. 我能够影响周围的人们,使其支持或参与我的创业计划;e. 我能营造出一种鼓励创新的学习和工作氛围;f. 我能运用自己的团队协作能力组建创业团队	
	信息获取	包括:a. 我能获知创业领域目前的基本情况与发展前景;b. 我能获知进行创业时所需面对的具体事务;c. 我能获知所学专业领域的创业现状与前景;d. 我确信创业能够带来良好的经济收益;e. 我能够获知与创业相关的教育培训信息	
	规划制订	包括:a. 我能为实现创业目标而制订规划;b. 我能为完成创业规划而制订具体的行动步骤;c. 我能积累与创业相关的工作和实践经验;d. 我确定要为今后创业去参加相关的学习与培训;e. 我清楚自己在未来的 5 年至 10 年的职业规划;f. 我能获取更多有助于创业的知识与技能	
	问题解决	包括:a. 当我灰心丧气时,仍能坚持为创业目标去努力;b. 我能通过多种方式解决创业中遇到的经济困难;c. 即使父母反对,我将来仍然会选择创业;d. 若创业中正当权益受到侵害,我会利用国家相关政策法规进行维权;e. 即使社会经济状况并不乐观,仍会选择创业;f. 即使面对挫折或负面评价,我仍会积极地工作与学习,为以后创业做好准备	

4.8 数据分析方法

1)信效度检验

信度(Reliability)也称之为可靠度,指的是一份量表对同一研究样本在同一测验上所得测试分数的前后一致性与稳定性,及测量工具的稳定性和一致性。在态度量表中常用的信度检验指标是 Cronbach 所创的 α 系数。α 系数值介于 0 到 1 之间,该值越高,则表示量表内部项目的一致性越高,问卷的信度越高。效度(Validity)是对调查研究正确性的测试,表明一份问卷或量表能够正确测量的程度。效度越高,表示量表越能够显示所要测量的对象的真实程度;效度越低,则表示测量没有很好达到测量目标。效度包括内容效度、效标效度和建构效度。内容效度指调查描述与调查的正确性、真实性,测量的题项和数量是否足以代表测量的概念。效标关联效度是问卷与外在效标关联的程度,要求测验得分与效标关系密切;构建效度是问卷所能测出的某概念的程度,即实际测验得分能多大程度解释该概念。

2)频数分析

频数是指变量的每个取值出现的频率。通过频数分布可以清晰地呈现各个变量的数据特征和分布状况。本调查中通过频数分析,一方面将了解受调查对象的分布;另一方面,了解调查对象受创业教育情况、创业意愿水平、创业决策自我效能感水平及主观规范情况。

3)因素分析

因素分析(Factor Analysis)是以最少的信息丢失为前提,将众多的原有变量综合成较少的几个综合指标,将每一类指标命名为某因子。通常因子有以下特点:第一,因子的个数远远少于原有变量的个数;第二,不是简单将原变量删除,而是将原有变量重组,因素分析后能够代表原有变量的绝大部分信息;第三,因子之间的线性关系并不显著,能够有效解决变量之间多重共线性等给分析带来不利影响;第四,因子具有命名解释性。因素分析可分为探索性因素分析与验证性因素分析两种。探索性因素分析旨在对问卷多个题目进行抽取,探索适合的变量结构;验证性因素分析是在已构成问卷结构的基础上,对数据进行处理,验证问卷各个维度能否实现较好拟合。

4)均值检验

调查中主要使用的均值检验方法包括独立样本 T 检验和单因素方差分析,通过平均数差异检验,比较各个分组下变量得分是否存在显著差异。独立样本 T 检验适用于两组均值的比较,如本研究中性别、籍贯等分组下的均值比较;单因素方差分析适用于三组或三组以上均值的比较,如本研究中关于学科分组下创业意愿、创业决策自我效能感的比较需要进行单因素方差分析。

5)相关分析

相关分析(Correlation Analysis)用于描述两变量之间关系的密切程度,进行相关分析的目的旨在研究变量之间关系的密切程度①,以及根据样本的资料推断总体是否相关,并利用相关系数定量地描述变量之间的线性关系。相关分析是明确变量关系、进一步确定回归方程系数的基础。如果变量之间关系不密切,那么后续拟合回归方程是没有意义的。因此相关分析必须是在回归分析之前进行。本研究为了验证假设,首先对研究中的各个变量的维度之间进行了相关分析,观察各个变量的维度之间是否存在与假设相符的相关关系。

---

① DeVellis R F. Scale Development Theory and Application. [M] London:SAGE,1991.

6）多元线性回归

回归分析用于分析事物之间的统计关系，着重观察变量之间的数量变化规律，帮助人们准确把握因变量受到一个或多个自变量影响的程度[①]。多元线性回归（Multiple Linear Regression）旨在找出多个自变量和一个因变量之间的线性回归关系，通过数据结果表征因变量和一组自变量之间的关系以及关系的强度。另外，多元回归分析还能够解释回归模型中各个自变量对因变量的预测力程度。进行多元线性回归分析首先要求自变量、因变量的属性均为连续变量。如果多元回归中存在离散的因变量，则会违反线性关系的基本假设，求解非连续的因变量回归关系应采用逻辑回归的方法。如果多元回归存在类别变量做自变量，则需将其转化为虚拟变量。

此外，为了避免进行回归时出现多元共线性的问题，应当提前对变量进行相关分析，观察变量间的相关系数。若存在两因变量达到强相关，则应选择其一纳入回归分析。

① 吴明隆：《问卷统计分析实务——SPSS 操作与应用》，重庆：重庆大学出版社，2009年版，第 15 页。

第五章

大学创业教育现状

5.1 数据概况

5.1.1 学校信息

本次调查报告的数据主要采取纸质问卷的形式进行发放和回收，另外调查者还通过网络的形式，借助调查派（http://www.diaochapai.com/）网站平台向选取样本的高校大学生发放了少量问卷。在问卷发放的过程中，借助应届毕业大学生参加校园招聘会的机会，调查者在宣讲会现场发放并回收了部分问卷；此外，还专门委托相关院校教职工或学生，对问卷调查者进行培训和指导后发放了一定数量的问卷。

调查问卷共计发放680份，回收问卷643份，问卷回收率为93.24%，其中有效数据问卷共599份，有效率达到88.09%。具体调查问卷样本分布及有效问卷情况如表5-1所示。

表 5－1 样本数据情况汇总

学校名称	学校类型	问卷发放量	问卷回收量	回收率	有效问卷量	有效率
西安交通大学	重点院校	80	76	95.00%	75	93.75%
长安大学	重点院校	150	150	100.00%	144	96.00%
西安电子科技大学	重点院校	55	52	94.55%	52	94.55%
西安建筑科技大学	普通高校	75	70	93.33%	68	90.67%
宝鸡文理学院	普通高校	170	162	95.29%	158	92.94%
西安交大城市学院	独立院校	50	39	78.00%	30	60.00%
欧亚学院	民办院校	100	85	85.00%	72	72.00%
合计		680	643	93.24%	599	88.09%

5.1.2 效度检验

报告中使用的调查问卷主要借鉴国内外有关文献资料，整合相关量表并进行针对性的反复讨论、修改、试测等程序后最终定稿，本调研包含的问卷当中，创业教育、创业意愿、主观规范部分包含的题量较少，且部分题目仅作调查情况之用，从题目内容上能够保证问卷的内容效度。

创业决策自我效能感量表部分共包含了 26 道题目，借鉴职业决策自我效能问卷构建变量模型，该问卷是否具有较好的结构效度，还有待进一步验证。报告使用 Amos 20.0 对调查数据进行验证性因素分析，以确定理论模型对实际数据的拟合程度，从而验证模型的正确性。考察模型拟合的常用指标包含拟合优度的卡方值（X2）、拟合优度指数（GFI）、比较拟合指数（CFI）、近似误差均方根（RMSEA）等。

一般认为,GFI、CFI 越接近 1 越好,RMSEA 越接近 0 越好,RMSEA 低于 0.1 表示较好的拟合,低于 0.05 表示非常好的拟合。验证性因素分析的结果如图 5－1 所示。

图 5－1 中所示模型拟合优度指数为:X2＝960.042(df＝289,p＝.000)、GFI＝0.897、CFI＝0.907、NFI＝0.873、RMSEA＝0.062,以上指标值都在可接受的范围之内。因此,可以认为报告中关于大学生创业决策自我效能感的模型拟合度较好,具有较好结构效度。

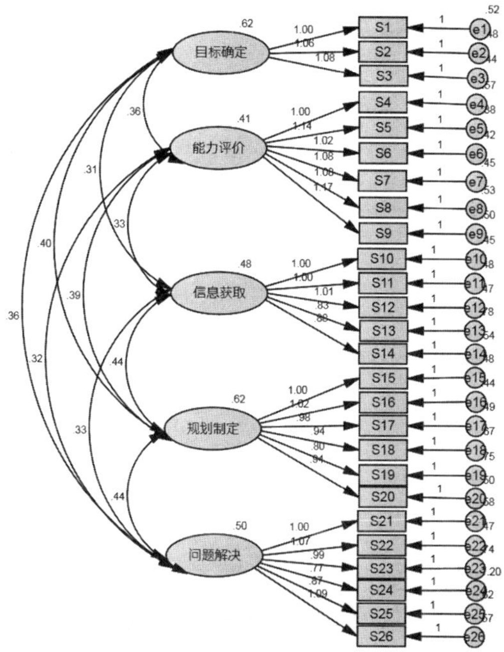

图 5－1　创业决策自我效能感探索性因素分析

5.1.3　信度检验

在问卷数据的效度验证基础上,进一步对问卷各个变量及维度进行信度检验,以检验问卷的真实性和可靠性。DeVellis(1991)指出,

Cronbach's α 值介于 0.65—0.70 之间是最小可接受值；α 系数界于 0.70—0.80 之间为相当好，界于 0.80—0.90 之间为非常好①。本调查中针对问卷信效度进行检验，具体结果见表 5－2。从信度分析结果看出长期创业意愿、目标确定、能力评价、信息获取、规划制订、问题解决等维度的 α 系数均在 0.7 以上，问卷题项信度较好，保证了问卷的内部一致性。

表 5－2　变量信度及描述统计

变量	维度	Cronbach's α	均值	项数
创业教育	课程教育	0.776	1.566	8
	实践教育		2.589	8
创业意愿	短期意愿	——	1.910	1
	长期意愿	0.728	3.457	3
创业决策自我效能感	目标确定	0.809	2.963	3
	能力评价	0.858	2.984	6
	信息获取	0.793	2.947	5
	规划制定	0.854	3.123	6
	问题解决	0.799	3.147	6
主观规范	主观规范	——	0.7546	4

综上所述，创业决策自我效能感问卷结构较为合理、整个调查问卷的信度较高，其他变量的信度系数结果也较为理想，该问卷可以作为调查大学生创业教育及相关问题的有效工具。

① 刘大海、李宁、晁阳：《统计分析从入门到精通》，北京：清华大学出版社，2009 年版，第 175～176 页。

5.1.4　学生信息

在这次调研中共回收有效样本数据599份,样本的性别、籍贯、学科、年级分布如表5－3所示。在样本分布上,男生比例为50.1%,女生比例为49.9%,男女性别比例基本持平;在地域分布上,报告以秦岭—淮河为界,按照南方籍和北方籍划分学生的籍贯信息,其中南方大学生比例为22.5%,北方大学生占总人数的77.5%,调查样本以北方学生居多,这与调研学校位居北方有一定关系;学科分布上,经管类专业学生比例为36.6%、理工类学生比例为55.3%、其他学科大学生所占比例为8.1%,样本的学科主要集中于理工类专业和经管类专业;年级分布上,本科应届生占总人数59.8%,硕士应届生比例为25.2%,其他年级大学生比例为15.0%,此次调查对象主要为应届毕业生。

表5－3　样本基本情况分布

	类别	频率	百分比
性别	男	300	50.1%
	女	299	49.9%
籍贯	南方	135	22.5%
	北方	464	77.5%
学科	经管类	219	36.6%
	理工类	331	55.3%
	其他	49	8.1%
年级	本科应届	358	59.8%
	研究生应届	151	25.2%
	其他	90	15.0%

对大学生“参加社团活动经历”情况的统计可见(图5-2),仅27人在大学期间没有参加过任何社团活动,仅占被调查者的4.5%,166人很少参加社团活动,经常或有时参加学校各类社团活动的学生达到270人,占被调查者的45.1%,可见高校社团活动在大学生中影响较大,多少学生都会在课余时间不同程度地参与学校社团组织。

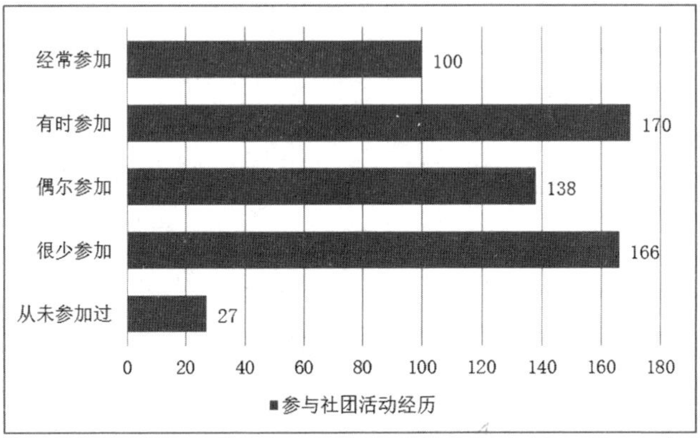

图5-2　大学生参与社团活动情况

针对大学生“是否有社会兼职或工作经历”的调查结果显示(图5-3),26%的大学生都没参加过任何社会兼职或工作,74%的在校大学生或多或少有过一些社会兼职和社会工作经历。针对“是否有实习或调研的经历”的调研结果显示(图5-4),有41%的在校大学生从未参加过任何实习或社会调研活动,59%的大学生参加过实习和社会调研。从上述两项的调查可以看出,多数大学生都有过课堂外的学习和实践经历,与课堂学习一样,这些经历都会对在校大学生发展形成影响。

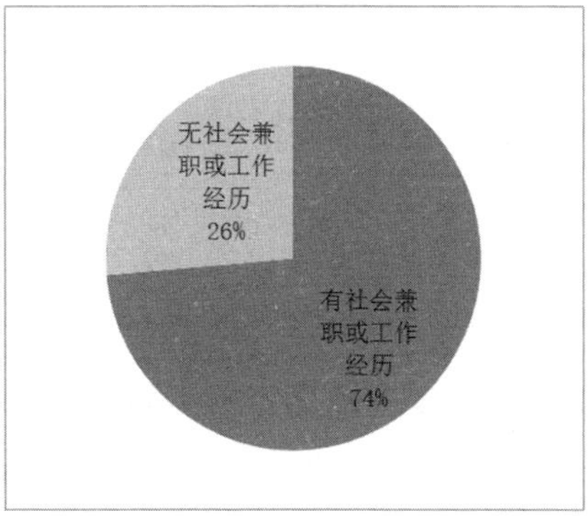

图 5-3　社会兼职或工作经历情况

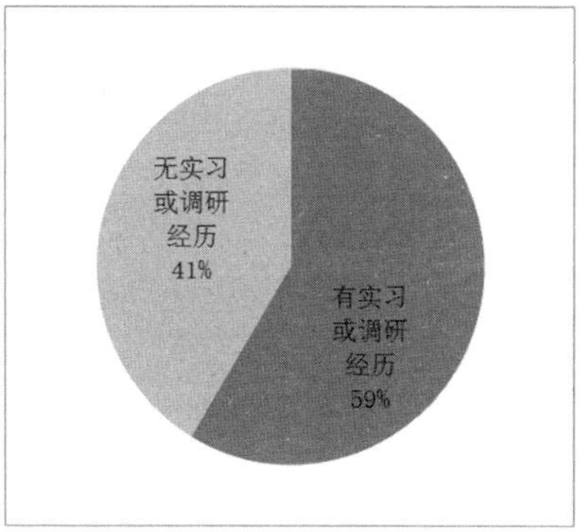

图 5-4　实习或调研经历情况

5.2　创业教育实施

在对大学生接受创业教育情况的调查中，报告设置了实践教育和课程教育两个维度，其中实践教育和课程教育各维度分别设置了一道题目，询问被调查者“在校期间参与创业相关实践的情况”“在校期间学习创业相关课程的情况”了解大学生参与创业实践教育与课程教育的整体情况。将大学生对参与创业实践教育的程度划分为五个等级，将“从未参加过”赋值为 1 分、“很少参加”赋值为 2 分、“偶尔参加”赋值为 3 分、“有时参加”赋值为 4 分、“经常参加”赋值为 5 分。将大学生对学习创业课程的程度划分为五个等级，将“从未学习过”赋值为 1 分、“仅有所接触”赋值为 2 分、“较少学习过”赋值为 3 分、“基本学习过”赋值为 4 分、“较多学习过”赋值为 5 分。

表 5－4 大学生创业教育整体情况

整体参与情况	1		2		3		4		5	
	频数	百分比	频数	百分比	频数	百分比	频数	百分比	频数	百分比
实践教育	68	11.4%	424	70.8%	100	16.7%	7	1.2%	0	0%
课程教育	95	15.9%	305	50.9%	169	28.3%	29	4.8%	1	0.2%

通过统计整理发现，大学生参与创业实践教育和课程教育的程度存在明显差别（见表 5－4），整体来看，大学生参与创业课程教育的整体程度要高于参与实践教育的程度。在调研的 599 名大学生中，84.1% 的被调查者报告自己对创业课程教育活动有不同程度的接触，但仅 1 位大学生经常参加创业课程教育活动；88.6% 的被调查者报告自己对创业实践活动有不同程度的参与，但调查显示，频繁参加创业实践活动的大学生数为零。

5.2.1 创业实践教育

为了进一步调查在校大学生参与创业教育情况，研究分别针对大学生参与不同实践活动、学习不同创业课程的情况进行统计调查。统计发现，受调查的多数大学生均接受过不同程度、不同形式的创业教育，可见创业教育已经得到一定程度的普及，形式多样的创业教育活动逐渐被大学生所了解。以下进一步对大学生接受创业实践教育情况进行分析。

表 5－5 大学生参与创业实践教育情况

实践教育类型	是		否	
	频数	百分比	频数	百分比
1. 参加由创业成功人士或专家进行的讲座	410	68.4%	189	31.6%

续表

实践教育类型	是		否	
	频数	百分比	频数	百分比
2. 到学校成立的创业指导机构咨询	70	11.7%	529	88.3%
3. 参观大学生校企共建创业实践基地	60	10.0%	539	90.0%
4. 参加创业社会调研	95	15.9%	504	84.1%
5. 参与大学生创业社团活动	162	27.0%	437	73.0%
6. 参加创业竞赛赛前培训	46	7.7%	553	92.3%
7. 参加各级各类创业竞赛	65	10.9%	534	89.1%
8. 申请大学生创业基金	30	5.0%	569	95.0%

依据调查划分的当前高校中常见的8类创业实践教育活动来看，大学生参与最多的实践教育活动是“参加由创业成功人士或专家进行的讲座”，在599名被调查者，410人均参加过学校组织的创业领域的专题讲座，占被调查者的68.4%；此外，162人有过“参与大学生创业社团活动”的经历，占被调查者的27.0%；95人“参加过创业社会调研”活动，占被调查者的15.9%；70人“到学校成立的创业指导机构咨询”过，占被调查者的11.7%；65人“参加过各级各类创业竞赛”，占被调查者的10.9%；60人“参加过大学生校企共建创业实践基地”，占被调查者的10.0%；上述创业实践教育活动相比，在被调查学生中，“参加创业竞赛赛前培训”和“申请大学生创业基金”的比例均不足10%，参与人数较少。

5.2.2　创业课程教育

依据调查划分的当前高校中常见的8类创业课程教育活动来看，

大学生参与最多的是“职业生涯发展相关的课程”，在599名被调查者中，418人选修过相关课程，占被调查者的69.8%；此外，234人学习过“创业指导相关的课程”，占被调查者的39.1%；182人学习过“创业企业管理相关的课程”，占被调查者的30.4%；105人学习过“创业政策法规相关的课程”，占被调查者的17.5%；77人学习过“创业基础课程”，占被调查者的12.9%；61人学习过“创业计划书撰写相关的课程”，占被调查者的10.2%；与上述课程相比，“创业机会识别类课程”“创业资金筹集类课程”的学习和参与者较少，均不足10%，具体情况见表5－6。

表5－6 大学生学习创业课程情况

课程教育类型	是		否	
	频数	百分比	频数	百分比
1. 职业生涯发展相关课程	418	69.8%	181	30.2%
2. 创业指导相关的课程	234	39.1%	365	60.9%
3. 创业基础课程	77	12.9%	522	87.1%
4. 创业机会识别相关类课程	57	9.5%	542	90.5%
5. 创业计划书撰写相关的课程	61	10.2%	538	89.8%
6. 创业资金筹集类课程	38	6.3%	561	93.7%
7. 创业政策法规相关的课程	105	17.5%	494	82.5%
8. 创业企业管理相关的课程	182	30.4%	417	69.6%

整体来看，目前我国创业教育正在逐渐普及，多数被调查的大学生都接受过若干种形式的创业教育，各类创业教育活动逐渐受到大学生的关注。但是，从调查中也可以发现，除过一些常见的、基本的创业教育活动，如创业讲座、创业社团、职业生涯规划类课程等形式的创业教育之外，大学生对其他更深层次的创业教育活动及课程的参与度还相对较低，多数大学生对参与过的创业教育活动仅限于“偶尔参加”

“较少接触”，对创业教育活动的参与程度不深，特别是相比较而言，大学生参与创业实践活动的程度低于课程教育，大学生的创业学习过程仍然是以课堂和书本知识为主要载体，这些都会影响大学生真正有效地投入创业实践活动。

5.3 大学生创业意愿

在对大学生创业意愿进行调查时，本研究设计了一道针对大学生短期创业意愿的测量题项，保留了 Thompson 个人创业意愿量表中的三道针对学生长期创业意愿的测量题项。调查依据大学生对题目表述的认可程度划分为五个等级，其中“完全不同意”赋值为 1 分、“部分不同意”赋值为 2 分、“不确定”赋值为 3 分、“部分同意”赋值为 4 分、“完全同意”赋值为 5 分，据此进行调查。短期意愿得分即为仅有测量题项的得分，长期意愿得分为三道题项得分均值，调查结果见表 5－7。

表 5－7 大学生创业意愿情况

题项	完全不同意		部分不同意		不确定		部分同意		完全同意	
	频数	百分比	频数	百分比	频数	百分比	频数	百分比	频数	百分比
1. 我打算毕业后马上开始创业	229	38.2%	214	35.7%	139	23.2%	15	2.5%	2	0.3%
2. 我打算毕业之后先就业，若干年后再创业	18	3.0%	60	10.0%	172	28.7%	251	41.9%	98	16.4%

续表

题项	完全不同意		部分不同意		不确定		部分同意		完全同意	
	频数	百分比	频数	百分比	频数	百分比	频数	百分比	频数	百分比
3. 我愿意在生活中寻找创业机会	23	3.8%	83	13.9%	225	37.6%	182	30.4%	86	14.4%
4. 我愿意花时间去了解创业相关知识	21	3.5%	90	15.0%	202	33.7%	194	32.4%	92	15.4%

从调查数据可以看出，大学生的短期的创业意愿和长期创业意愿存在明显差别，多数学生反对接受创业教育是要毕业后立刻去创业，可以看出，多数大学生对创业教育和创业活动有理性的认识，这也与研究者曾经提出的创业教育具有“时滞效应”，创业者平均年龄介于33—35岁，多在完成大学教育10年之内开始创业的论断相吻合。

5.3.1 短期意愿

仅从大学生的短期创业意愿分析来看，在被调查的599名被试中，229人“完全不同意”毕业后马上会开始创业的表述，214人“部分不同意”毕业后马上创业的表述，分别占到被调查者的38.2%和35.7%；此外，在599名被调查者中仅两人认为毕业后会立刻创业，仅占被调查者的0.3%（见图5-5）。总体来看，多数大学生参与过学校不同程度的创业教育活动后，并没有立刻创业的冲动，对投入创业有较为理性、客观的认识。从创业教育的组织实施来看，学校的初衷也并不是简单地鼓励学生“一毕业就去创业”这么简单，而是更希望通过系列的创新与创业教育活动，改变大学生的就业观、择业观，激发大学生的创新精神,在大学阶段为他们埋下一颗创新创业的种子,为日后更加关注创新创业,甚至投入创新创业做好准备。

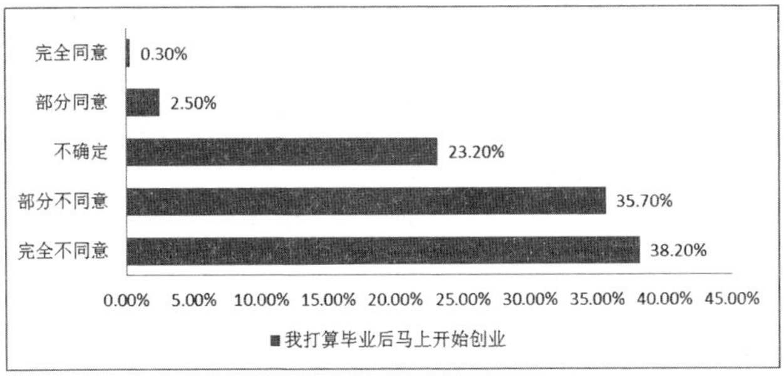

图 5－5 大学生短期创业意愿情况

5.3.2 长期意愿

大学生的长期创业意愿通过三个题项测量,从数据结果(图 5－6)可以看出:大学生对于长期意愿三个测量题目的回答较为一致。对于“我打算毕业后先就业,若干年后再选择创业”的观点,共计 58.3% 的学生持比较赞同或完全赞同的态度,仅 3% 的大学生完全不赞同这一观点;对于“我愿意在生活中寻找创业机会”的观点,44.8% 的大学生持比较赞同或完全赞同的态度,仅 3.8% 的被调查者完全不同意这一观点;对于“我愿意花时间了解相关创业知识”的观点,共计 47.8% 的被调查者持赞同或比较赞同的观点,3.5% 的被调查者持完全反对的态度。

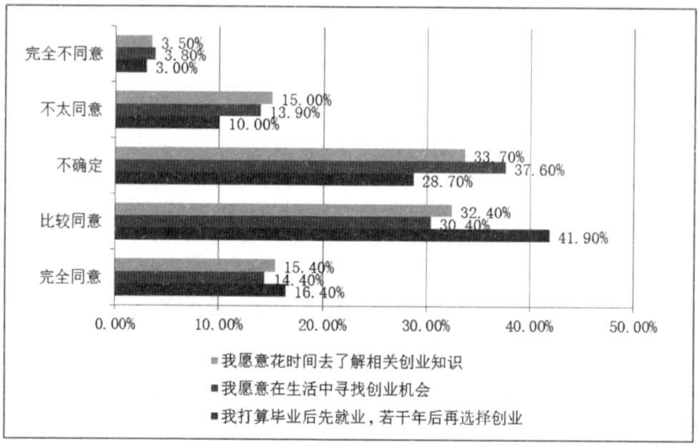

图5－6 大学生长期创业意愿情况

上述调查结果可见，大学生的长期创业意愿普遍强于短期创业意愿，只有极少部分的大学生赞同“毕业即创业”的观点，较多的大学生选择毕业后先就业，若干年后积累了一定工作经验与人脉关系，把握适当商机、时机成熟时再考虑创业。由此可见，当前大学生的创业意愿普遍理性，大部分大学生认识到鼓励创业并不等同于要求大学生毕业马上开始创业，而较多同学则更倾向于选择先工作后创业。但从整体来看，大学生的长期创业意愿水平不高，仍有部分学生并不赞同将来创业、相当多的大学生尚无明确的创业意愿。从“创业基因”、培育革新性“创业一代”、实现全民创业的教育理念来看，当前大学生的长期创业意愿仍有待进一步提升。

5.3.3 分组比较

在调查大学生创业意愿水平的基础上，报告将对性别、籍贯、学科等分组下大学生的创业意愿得分进行平均数差异检验，主要将探究男性与女性的创业意愿是否存在显著差异？南方籍和北方籍的学生创业意愿是否有差异？经管或理工等不同学科之间的大学生创业意愿是否存在显著差异？以及有无参加社团活动、社会兼职与实习等经历的大学生在创业意愿方面的差别。

分析的方法主要包括独立样本T检验和单因素方差分析。独立样本T检验适用于两组均值的差异检验，本研究中性别、籍贯、社团活动、兼职工作经验、实习调研经验等分组均属于二分组问题，可采用独立样本T检验进行比较。单因素方差分析适用于三组及以上的数据的均值差异检验，本研究中将大学生的学科分为经管类、理工类、其他类三类，通过采用单因素方差检验的方法分析各组间大学生创业意愿的均值是否存在显著的差异。

1）男性与女性

报告基于性别分组对大学生创业意愿进行了独立样本T检验，调查样本中男性大学生300人，女性大学生299人，分析结果发现，性别分组下大学生的创业意愿没有显著的差异，具体分析结果见表5－8。

表5－8　性别分组下创业意愿的T检验

维度	性别	样本数	平均数	t值	显著性
短期意愿	女	299	1.8963	−0.385	0.701
	男	300	1.9233		
长期意愿	女	299	3.3958	−1.862	0.063
	男	300	3.5189		

注：$^{*}p<0.05$；$^{**}p<0.01$。

分析数据发现在“短期意愿”的题项得分上，女性的平均数（M＝1.8963）小于男性的平均数（M＝1.9233），独立样本检验结果显示，该差异未达到显著水平（t＝－0.385，p＝0.701＞0.05）；就“长期意愿”变量而言，女性的平均数（M＝3.3958）也小于男性的平均数（M＝3.5189），但通过独立样本检验发现，该差异未达到显著水平（t＝－1.862，p＝0.063＞0.05）。因此，性别分组下大学生的创业意愿没有显著的差异。

从以上数据分析结果中可以看出，尽管受调查的男、女大学生分组的创业意愿均值存在一定差异，但在大学教育期间，男性与女性无论是在短期创业意愿还是长期创业意愿方面，均未达到显著的水平。针对该结果，报告认为鉴于当前大学生的性别平等意识逐渐加强，加之近年出现社会性别双性化等现象，使得男、女生的职业决策与生涯规划趋于相似，过去将创业视为男性专属领域的观念已在大学生群体中并不盛行。此外，在大学阶段，由于男性和女性的主要任务都是完成学业，他们几乎还没有面临“男主外、女主内”“抚养孩子、照顾老人”等一些传统家庭、社会分工的困扰，因此也使得两者在创业意愿上并没有出现显著的差异。

2）南方籍与北方籍学生

报告基于籍贯分组对大学生创业意愿进行了独立样本T检验，调查样本中南方籍学生135人，北方籍学生464人，结果发现，籍贯分组下大学生的创业意愿没有显著的差异，具体分析结果见表5-9。

表5-9　籍贯分组下创业意愿的T检验

维度	籍贯	样本数	平均数	t值	显著性
短期意愿	北方	464	1.8815	-1.501	0.134
	南方	135	2.0074		
长期意愿	北方	464	3.4231	-1.923	0.055
	南方	135	3.5753		

注：$^{*}p<0.05$；$^{**}p<0.01$。

从分析结果可见，就“短期意愿”变量而言，北方大学生的平均数（M=1.8815）小于南方大学生的平均数（M=2.0074），但通过独立样本检验发现，该差异未达到显著水平（$t=-1.501$，$p=0.134>0.05$）；就“长期意愿”变量而言，北方大学生的平均数（M=3.4231）也低于南方大学生的平均数（M=3.5753），但独立样本检验结果仍然显示，这种差异没有达到显著的水平（$t=-1.923$，$p=0.055>0.05$）。

从以上数据分析中可以看出，南、北方的大学生不论在短期意愿还是长期意愿均不存在显著差异。可见，在大学教育阶段，学生籍贯的差异对于大学生选择创业还没有造成显著的影响，南方学生在大学阶段并未表现出显著高于北方大学生的创业意愿。本研究基于陕西省高校展开调查，陕西省作为北方省份，经济发展水平在全国不属于位于前列的省份，社会文化与高校文化相比于南方沿海省份而言，还存在一定的差异，参与调查的大学生中，北方籍的学生所占比例也较大，这些都可能对研究结果造成一定影响。虽然社会上人们普遍认为南方沿海地区、经济发达地区的居民在创业上起步更早，投入创业的人数也更多，人们更倾向于投身创业积攒财富，但从本调查的结果来看，不论是南方籍还是北方籍的大学生，大学教育期间，能获取的学校教育资源基本一致，在同样的教育文化熏陶下成长，因此，至少在大学学习期间，南方籍和北方籍的大学生，在创业意愿方面还不存在显著的差异。大学生离校走上工作岗位后，接触的地域文化、社会文化会发生变化，不同籍贯的大学生在创业意愿上可能发生变化，这些还有待进一步研究论证。

3）学科专业

在问卷预调查过程中，报告采取了经管类、非经管类对大学生专业进行类别划分的方法，主要希望通过调查能够验证经管类与非经管类专业大学生的创业意愿是否存在差异。但在预调查问卷反馈中发现，部分大学生对这一分类方法不能完全理解，并清楚自己所在的学科专业应该如何归属，因此，在正式调查中，问卷对这一部分进行了改进，正式问卷主要依据中华人民共和国国家标准《学科分类与代码》（GB/T13745—2009）的分类标准①，依次罗列出当前高校举办的所有

① 中华人民共和国国家质量监督检验检疫总局，中国国家标准化管理委员会：《中华人民共和国国家标准学科分类与代码（GB/T 13745—2009）》，北京：中国标准出版社，2009年版。

一级学科门类，不需要被试者再做学科类型判断，只需要他们填写自己所在的学科。在数据分析处理的过程中，为了方便说明研究结果，报告对被试填写的学科分布重新进行编码处理，按照适合对大学学科描述的习惯，将经济学、管理学归为经管类，理学和工学归为理工类，将法学、农学、艺术学、教育学、医学等其他八类学科归为其他类。在此基础上，报告依据分组分别对短期意愿、长期意愿均值进行差异检验。

按照经管类、理工类及其他类的学科分类方式，本研究对大学生短期创业意愿和长期创业意愿进行单因素方差分析，调查样本中经管类大学生 219 人，理工类大学生 331 人，其他类大学生 49 人，方差分析数据结果如表 5－10 所示，可以看出，学科分组下大学生的创业意愿不存在显著差异。

表 5－10　学科分组下创业意愿的方差分析

维度	学科	样本量	均值	均值的 95% 置信区间		F 值	显著性
				下限	上限		
短期意愿	经管类	219	1.8904	1.7794	2.0014	0.065	0.937
	理工类	331	1.8973	1.8031	1.9915		
	其他类	49	2.0816	1.8272	2.3361		
	总数	599	1.9098	1.8409	1.9788		
长期意愿	经管类	219	3.4399	3.3248	3.5550	1.575	0.209
	理工类	331	3.4582	3.3734	3.5430		
	其他类	49	3.5306	3.3148	3.7464		
	总数	599	3.4574	3.3923	3.5225		

注：$^{*}p<0.05$；$^{**}p<0.01$。

就“短期意愿”变量而言，总体均值 1.9098，经管类分组平均值为 1.8904，在三个分组中，均值得分最低，均值的 95% 置信区间为（1.7794，2.0014）；理工类分组平均值为 1.8973，均值的 95% 置信区间为(1.8032,1.9915);其他类平均值为 2.0816,在三个分组中,均值得分最高,均值为95%置信区间为(1.8409,1.9788)。就“长期意愿”变量而言,总体均值为3.4574,经管类分组平均数为3.4399,在三个分组中均值得分最低,均值的95%置信区间为(3.3248,3.5550)(包含3.4574);理工类分组均值为 3.4582,均值的 95%置信区间为(3.3734,3.5430)(包含3.4574);其他类平均值为3.5306,在三个分组中,均值得同样最高,均值的95%置信区间为(3.3923,3.5225)。方差同质性检验结果中,“短期意愿”变量的 Levene 统计量 F 值为 0.065,$p = 0.937 > 0.05$,“长期意愿”变量的 Levene 统计量 F 值为 1.575,$p = 0.209 > 0.05$,虽然不同分组之间均值得分不同,但从统计学的角度来看,均未达到0.05 的显著水平,表示在大学教育期间,三类分组样本的方差差异还未达到显著水平。

以上结果表明,受调查的经管类、理工类及其他类专业的大学生在短期创业意愿和长期创业意愿方面都没有显著差异。说明在大学教育阶段,虽然学生们的学科专业存在差异,但他们享有的学校创业教育资源基本一致,在接受创业教育理念上,并没有因为学科差异而产生明显的不同,因此不同学科大学生的创业意愿水平基本一致。在研究进行访谈的过程中也发现,部分偏技术型、应用型学科专业的大学生及经管类大学生都有较强的创业意愿。同时,通过调查了解发现如理工类、艺术类、农业类等专业的大学生认为自己的专业知识为自己将来创业提供知识与技术支持,经管类大学生认为所学知识能够帮助自己将来更好地管理公司运行,可见虽然学科专业不同,但大学生认为,大学教育阶段的学科专业基础分别能在未来创业中发挥不同的优势作用,创业活动本身并没有专业局限,“三百六十行,行行能创业”。

4)参与社团活动经历

本研究对社团活动题项得分进行高低分分组,通过问题回答进行重新编码,将社团活动参与度得分4分及以上的样本归为“高分组”,得分2分及以下的样本归为“低分组”,得分3分的样本归为“中分组”。为了重点观察参与社团经历对学生创业意愿形成的差异比较,报告中以“高分组”和“低分组”的学生为样本进行独立样本T检验,不对“中分组”进行比较。

按照以上分组方式对大学生短期创业意愿和长期创业意愿分别进行独立样本T检验,调查样本中参与社团活动较少的大学生有191人,参与社会活动较多的大学生有270人,T检验数据分析结果见表5-11,可以看出,参与社团活动经历程度高分组的大学生和低分组大学生在他们的短期创业意愿和长期创业意愿方面均表现出明显的差异性。

表5-11 参与社团活动经历分组下创业意愿的T检验

维度	社团活动	样本数	平均数	t值	显著性
短期意愿	低分组	191	1.7749	-2.617^{**}	0.009
	高分组	270	1.9926		
长期意愿	低分组	191	3.2862	-3.401^{**}	0.001
	高分组	270	3.5568		

注:$^{*}p<0.05$;$^{**}p<0.01$。

数据分析可见,就“短期意愿”变量而言,参与社团活动程度低的大学生得分均值(M=1.7749)低于社团活动参与程度高的大学生(M=1.9926),同时,通过独立样本检验发现,这一差异达到显著性水平($t=-2.617$,$p=0.009<0.01$);就“长期意愿”变量而言,社团活动参与程度低分组学生的均值(M=3.2862)低于社团活动参与程度高分组学生的均值(M=3.5568),通过独立样本检验发现,不同分组的

大学生在长期创业意愿上的差异也达到了显著性水平（$t=-3.401$，$p=0.001<0.01$）。

从以上分析结果可以看出，大学生参与社团活动的程度差异能够显著区分其创业意愿水平。具体来说，参与社团活动较为频繁的大学生通常更容易形成并表现出较高的创业意愿，而很少参加学校各类社团活动的大学生在创业意愿发展和形成方面则相对缓慢或困难。

我国高校的社团活动已经有100多年的历史，从1904年京师大学堂建立抗俄铁血会开始发展至今，大学社团活动已经成为在校大学生利用课余时间开展各种形式的活动，交流思想，切磋技艺，互相启迪，增进友谊的重要平台。目前大学校园里的各类学生社团活动也主要是在校学生为了实现共同意愿和满足个人兴趣爱好的需求、自愿组成的、按照其章程开展活动的群众性学生组织。一些社团活动重点关注学术科技活动、发明创造活动、创新创业活动、人际交往沟通、校企社会传媒等领域，对培养大学生创新与创业意识，营造创新氛围，激发学生创意思维，搭建创业桥梁等方面都发挥了积极的作用，随着学生社团活动的日渐丰富，它已经逐渐发展成为高校校园文化建设的重要载体，也成为学校创业教育第二课堂的引领者。因此，不难理解，积极参与社团活动的大学生在创业意愿方面会与其他学生表现出明显的差异，通过鼓励学生主动参与社团活动、发掘自己的兴趣、锻炼沟通与执行能力，促使大学生职业决策观念与想法的转变，创业信心得以激发，促使创业意愿增强，也可以成为发展高校创业教育的另一个重要途径。

5）社会兼职与实习经历

同样按照独立样本T检验的分析方法，报告继续对“是否具有社会兼职、工作经验”进行分组分析，对“是否具有实习、调研经历”

进行分组分析，观察不同分组下大学生的创业意愿是否存在显著差异。分析结果显示，有无社会兼职或工作经验、有无实习或调研经历的分组下，大学生的短期创业意愿和长期创业意愿均不存在统计意义上的明显差异，此处不再对两类分组分析结果进行罗列。

一般来说，我国在校大学生中具有社会兼职和工作经验的学生比例并不高，一些有过社会兼职和工作经验的学生，也多是利用课余时间承担家教、传单发放、商务礼仪、商场促销等工作，这些兼职工作内容相对单一，创新创造性并不高，可自由发挥的余地也十分有限。在校大学生选择课余时间进行社会兼职工作，主要是为了增加收入或获取一些额外报酬，也有一些大学生出于好奇心想提早体验工作经历，还有部分学生也是为了锻炼个人的综合能力、增加社会经验或广交朋友。但是，从实际兼职情况来看，在校大学生也不得不兼顾繁重的学业压力，能投入的社会兼职时间有限，获取的报酬并不算高，因此，在校大学生的社会兼职经历往往是碎片式、短期性的，他们兼职的目的和兼职状态就决定了，大学生在社会兼职经历中能接触到的创新创造性资源和信息十分有限。从这些分析不难理解，有无社会兼职与工作经验的大学生在创业意愿上并无显著差异。

参加各种类型的实习或调研也是当前大学生走出课堂学习的主要方式，因此在调研设计时，问卷中专门对学生是否具有实习或调研经历进行了调查。目前大学生的实习主要包括课程实习、假期实习、毕业实习等。课程实习是在一些实践性比较强的课程后期安排的实践学习活动；假期实习是学生利用寒假暑假等节假日时间，在返回家乡探亲的过程中进行的调查学习，或是专程赴某地进行的实习调查；毕业实习是大学生在四年课程即将结束时进行的实习活动。一般来说，不论哪种类型的实习和调研，它们都是在某个课程或一个阶段的课程结束后进行的,其主要目的是要加深对课堂理论知识的理解,并了解和掌握在生产生活实践中的具体应用,促进学生理论知识与实践知识的结合,提高学生分析问题、解决问题的能力。作为实习接收单位而言,它们一般也不会给实习大学生安排过多具有太大难度的工作,多是让实习者了解基本流程,熟悉文化环境,承担一些难度不大的事务性工作。从促进教育发展的角度来看,这些活动都具有积极的意义,但是,也应该看到,目前高校广泛开展的实习和调研活动与"双创教育",甚至"三创教育"活动目标还存在一定的差异。前者注重学生实践能力的培养,重点是要通过实习或调研巩固课堂理论知识的掌握,后者注重学生创新思维和创造力的培养,重点是要通过课堂或课外教育活动激发学生的创新意识,因此,不难理解,有无实习或调研经历的大学生在创业意愿上并无显著差异。

结合当前建设创新型国家、鼓励高素质人才创新创业的社会趋势来看,高校不仅仅可以通过开展专门的创业教育活动来培养大学生的创新精神、促进大学生的创业意愿,还可以将创业教育活动的精神实质贯穿在一切教育活动之中,通过潜移默化、全程系统的方式来影响大学生,例如:为大学生创造更多的高技术含量的社会兼职机会;在学校实习环节引导和鼓励学生在理论与实践结合的过程中创新性的思考、创造性地去探索,大胆假设、谨慎论证;设计、组织、筹办一些更富创造性的调查实践活动等。总之,从上述分析可见,大学生是否具有社会兼职经历、实习与调研经历并不能很好地区分出他们的创业意愿差异。

5.4 创业决策自我效能感

5.4.1 整体情况

报告通过借鉴 De Noble、Chen 等人的创业自我效能感量表中对创业自我效能感的部分表述，对彭永新和龙立荣的 CDMSE 本土修订版大学生职业决策自我效能感量表进行修订和完善，在预测的基础上形成了包含 26 道题项的大学生创业决策自我效能感量表。通过验证性因素分析看出该问卷结构效度较高，问卷题项的维度划分与原量表理论构念基本一致，具体包括"目标确定""能力评价""信息获取""规划制定"和"问题解决"五个测量维度。问卷将大学生对创业决策信心各项题目表述的认同程度分为五个等级，对"完全没信心"赋值为 1 分、"基本无信心"赋值为 2 分、"不确定"赋值为 3 分、"基本有信心"赋值为 4 分、"完全有信心"赋值为 5 分。问卷测量具体得分情况见表 5－12。

表 5－12 大学生创业决策自我效能感整体情况

维度	测量题项	均值	标准差	维度均值
目标确定	1. 我能确定创业就是我最理想的职业选择	2.57	1.068	2.963
	2. 我确信创业对我来说是有价值的	3.26	1.083	
	3. 我确信选择创业是符合我的兴趣爱好的	3.05	1.084	

续表

维度	测量题项	均值	标准差	维度均值
能力评价	4. 我能够通过与他人协商以获得创业支持	3.31	0.990	2.984
	5. 我认为自己具备一定创业能力	2.91	0.958	
	6. 我能够在日常生活中发掘创业机会	3.010.924		
	7. 我能影响周围的人使其支持或参与我的创业计划	2.87	0.965	
	8. 我能营造出一种鼓励创新的学习和工作氛围	2.97	1.006	
	9. 我能运用自己的团队协作能力组建创业团队	3.02	1.030	
信息获取	10. 我能获知创业领域目前的基本情况与发展前景	2.77	0.963	2.947
	11. 我能获知进行创业时所需面对的具体事务	2.81	0.981	
	12. 我能获知所学专业领域的创业现状与前景	3.02	0.98	
	13. 我确信创业能够带来良好的经济收益	3.13	1.054	
	14. 我能够获知与创业相关的教育培训信息	3.02	0.950	
规划制定	15. 我能为实现创业目标而制定规划	3.10	1.052	3.123
	16. 我能为完成创业规划而制定具体的行动步骤	3.12	1.039	
	17. 我能积累与创业相关的工作和实践经验	3.25	1.043	
	18. 我确定要为今后创业去参加相关的学习与培训	3.09	1.105	
	19. 我清楚自己在未来的5—10年的职业规划	3.02	1.072	
	20. 我能获取更多有助于创业的知识与技能	3.16	1.024	

续表

维度	测量题项	均值	标准差	维度均值
问题解决	21. 当我灰心丧气时，我仍能坚持为自己的创业目标去努力	3. 30	1. 042	3. 147
	22. 我能通过多种方式解决创业中遇到的经济困难	3. 14	1. 023	
	23. 即使父母反对，我将来仍然会选择创业	2. 81	1. 107	
	24. 如果在创业的过程中，我的正当权益受到侵害，我会利用国家相关政策法规进行维权	3. 65	1. 224	
	25. 即使社会经济状况并不乐观，我仍会选择创业	2. 73	0. 999	
	26. 即使面对挫折与他人的负面评价，我仍会积极地工作与学习，为以后创业做好准备	3. 26	1. 081	

从以上数据分析结果可以看出，受调查的大学生在创业决策自我效能感各个维度中的得分均值处于“不太确定”和“基本无信心”之间，在各个调查维度中，“信息获取”的得分均值最低，仅 2. 947，“问题解决”维度题项的得分相比其他维度稍高，均值为 3. 147。尽管前期访谈调查发现，大学生认为接受创业教育会增强自己创业决策的信心，但问卷调研数据显示，在接受创业教育后，大学生创业决策自我效能感水平整体偏低，特别是在信息获取、目标确定、能力评价这三个方面，大学生的均值得分略低于 3 分，在问题解决和规划制定两个维度，均值得分略高于 3 分。

为了进一步了解大学生接受创业教育后创业决策自我效能感的水平及分布，报告对创业决策自我效能感得分进一步进行了重新编码，将选择“完全无信心”和“基本无信心”的大学生归入低分组，将选择“不确定”的学生归入中分组，将选择“完全有信心”和“基本有信心”的学生归入"高分组",再次进行数据分类后的得分情况如表5-13所示。

表5-13 大学生创业决策自我效能感分组统计

创业决策自我效能感	低分组		中分组		高分组	
	频数	百分比	频数	百分比	频数	百分比
目标确定	68	11.4%	478	79.8%	53	8.8%
能力评价	50	8.3%	511	85.3%	38	6.3%
信息获取	43	7.2%	529	88.3%	27	4.5%
规划制定	43	7.2%	489	81.6%	67	11.2%
问题解决	36	6.0%	503	84.0%	60	10.0%
总体得分	52	8.7%	514	85.8%	33	5.5%

从分组统计结果可以看出,调查对象中约有85.8%的大学生对自身的创业决策自我效能感认识比较模糊,由此可见大部分大学生对于自身的创业能力缺乏肯定的评价,对创业决策的认识处于模棱两可的状态。从各个维度分布来看,大学生对于"信息获取"方面的信心最弱,仅有4.5%的学生对获取创业信息具备较充分的信心,可见大学生在创业信心获取和判断方面还有待进一步获得更深入的指导;在"规划制定"和"问题解决"两个维度,高分组比例相对较高,分别达到11.2%和10.0%。

总体来说,当前大学生的创业决策自我效能感水平还较低,多数学生对未来创业仍然没有清晰的认识也缺乏充分的创业信心,由此可见,创业教育活动虽然已经普遍开展,多数大学生也陆续参加了各类创业教育活动,但创业教育活动仍然还任重而道远。

5.4.2 分组比较

在调查大学生创业决策自我效能感水平的基础上,报告对性别、籍贯、学科等分组下大学生的创业决策自我效能感得分进行平均数差异检验，主要将探究男性与女性的创业决策自我效能感是否存在显著差异？南方籍和北方籍学生的创业决策自我效能感是否有差异？经管或理工等不同学科间大学生的创业决策自我效能感是否存在显著差异？以及有无参加社团活动、社会兼职与实习等经历的大学生在创业决策自我效能感方面的差别。分析方法主要包括独立样本 T 检验和单因素方差分析。

1) 男性与女性

报告在基于性别分组下对大学生创业决策自我效能感的各个维度进行了独立样本 T 检验，调查样本中男性大学生 300 人，女性大学生 299 人，结果发现，不同性别的大学生创业决策自我效能感水平存在差异。分析结果见表 5－14。

表 5－14　性别分组下创业决策自我效能感的 T 检验

维度	性别	样本数	平均数	t 值	显著性
目标确定	男	300	3.0300	1.801	0.072
	女	299	2.8952		
能力评价	男	300	3.0633	2.596*	0.010
	女	299	2.9052		
信息获取	男	300	3.0233	2.575*	0.010
	女	299	2.8709		
规划制定	男	300	3.1661	1.327	0.185
	女	299	3.0792		
问题解决	男	300	3.1578	0.341	0.733
	女	299	3.1366		

注：* $p<0.05$，** $p<0.01$。

从分析结果可见，就“能力评价”维度而言，女性的平均数（M =

2.9052）低于男性的平均数（M = 3.0633），通过独立样本检验发现，这一差异达到了显著水平（$t = 2.596, p = 0.010 < 0.05$）；就"信息获取"维度而言，女性的平均数（M = 2.8709）低于男性的平均数（M = 3.0233），通过独立样本检验发现，这一差异也达到显著水平（$t = 2.575, p = 0.010 < 0.05$）。此外，从另外三个构成维度"目标确定""规划制定""问题解决"的得分均值上看，虽然女性得分均低于男性得分，但从统计学的角度来看，这种差异均未达到显著的水平。

从以上数据分析结果中可以看出，受调查的男、女大学生的创业决策自我效能感中"能力评价"和"信息获取"两维度存在显著差异，男性在这些方面的信心程度要高于女性。而性别分组下大学生创业决策自我效能感的差异可能源于两性的社会角色的天然差异，一般来说，社会上相当一部分人都认为男性更适合从事创业、经商等活动，而女性由于要承担更多的抚育子女、照顾家庭的责任，往往在商业方面的精力投入会低于男性，因此男性更容易产生并发展创业信心。

前文报告中已经分析过，在大学教育阶段，男性和女性的创业意愿并不存在显著差异，但进一步深究两者的创业决策自我效能感来看，其五个构成维度中，有两个维度存在显著的差异，这些差异以及日后走向社会面临的现实环境，都会进一步影响并改变男性和女性的创业意愿。

2）南方籍和北方籍学生

根据被调查大学生的籍贯分组，研究对大学生创业决策自我效能感各个维度进行了独立样本 T 检验，调查样本中南方籍学生 135 人，北方籍学生 464 人，分析结果发现，籍贯分组下大学生创业决策自我效能感各个维度均不存在显著差异。分析结果见表 5 - 15。

表 5－15 籍贯分组下创业决策自我效能感的 T 检验

维度	籍贯	样本数	平均数	t 值	显著性
目标确定	南方	135	3.0568	1.354	0.176
	北方	464	2.9353		
能力评价	南方	135	2.9543	－0.530	0.596
	北方	464	2.9932		
信息获取	南方	135	3.9452	－0.037	0.970
	北方	464	2.9478		
规划制定	南方	135	3.1469	0.398	0.691
	北方	464	3.1157		
问题解决	南方	135	3.1519	0.081	0.935
	北方	464	3.1458		

注：* $p<0.05$；** $p<0.01$。

从分析结果可见，就“目标确定”维度而言，北方大学生均值（$M=2.9353$）小于南方大学生的均值（$M=3.0568$），通过独立样本检验发现该差异未达到显著水平（$t=1.354$，$p=0.176>0.05$）；就“能力评价”维度而言，北方大学生的均值（$M=2.9932$）大于南方大学生均值（$M=2.9543$），通过独立样本检验发现该差异达到显著水平（$t=-0.530$，$p=0.596>0.05$）；就“信息获取”维度而言，北方大学生的均值（$M=2.9478$）小于南方大学生的均值（$M=3.9452$），通过独立样本检验发现，该差异也达到显著水平（$t=-0.037$，$p=0.970>0.05$）；就“规划制定”维度而言，北方大学生的均值（$M=3.1157$）小于南方大学生的均值（$M=3.1469$），通过独立样本检验发现，该差异未达到显著水平（$t=0.398$，$p=0.691>0.05$）；就“问题解决”维度而言，北方大学生的均值（$M=3.1458$）小于南方大学生的均值（$M=3.1519$），通过独立样本检验发现，该差异未达到显著水平（$t=0.081$，$p=0.935>0.05$）。

从以上数据分析结果中可以看出，尽管就调查数据显示，北方大学生在“目标确定”“规划制订”“问题解决”三个维度上得分均小于南方大学生，在“能力评价”“信息获得”方面得分高于南方大学生，然而这种差异并未达到统计学意义上的显著水平。因此，在大学就读期间，不同籍贯大学生创业决策自我效能感并不存在显著差异。

众所周知，南方地区，特别是浙江、广东等一些南方省份在改革开放以来率先开展了创业活动，一些地区，甚至家家都有创业者，与北方的多数省份和城市相比，南方地区的创业文化也更成熟，人们自然会想到，是否南方籍的学生比北方籍的学生创业信心更强。但是，从本调查的结果来看，虽然学生籍贯有差异，但是大学阶段，不论籍贯如何，他们获取的学校教育资源基本一致，再者目前高校虽然开展了大量的创业教育活动，但与学校的整体学业活动相比，创业教育仅仅占据了其中的很小一部分，对学生的影响作用还有限，因此，不同籍贯的大学生，在创业的决策自我效能感上并没有显著的差异。

3）学科专业

根据上文提到大学生的学科分组方式，以下依据经管类、理工类及其他类三个类别对大学生创业决策自我效能感的各个构成维度进行单因素方差分析。根据数据分析结果可以看出，调查样本中经管类大学生219人，理工类大学生331人，其他类大学生49人，不同学科的大学生创业决策自我效能感各个维度均不存在显著差异，分析结果见表5－16。

表 5-16 学科分组对创业决策自我效能感的方差分析

维度	学科	样本数	均值	均值的 95% 置信区间		F 值	显著性
				下限	上限		
目标确定	经管类	219	2.9878	2.8623	3.1133	0.329	0.720
	理工类	331	2.9597	2.8621	3.0573		
	其他类	49	2.8707	2.6072	3.1343		
	总数	599	2.9627	2.8891	3.0363		
能力评价	经管类	219	3.0129	2.9173	3.1086	1.115	0.329
	理工类	331	2.9874	2.9045	3.0703		
	其他类	49	2.8367	2.6194	3.0540		
	总数	599	2.9844	2.9243	3.0445		
信息获取	经管类	219	3.0018	2.9083	3.0953	1.006	0.366
	理工类	331	2.9196	2.8391	3.0002		
	其他类	49	2.8898	2.6813	3.0983		
	总数	599	2.9472	2.8888	3.0057		
规划制定	经管类	219	3.1393	3.0416	3.2369	0.421	0.656
	理工类	331	3.1264	3.0361	3.2167		
	其他类	49	3.0238	2.7709	3.2767		
	总数	599	3.1227	3.0583	3.1871		
问题解决	经管类	219	3.1157	3.0247	3.2066	0.322	0.725
	理工类	331	3.1687	3.0838	3.2536		
	其他类	49	3.1429	2.8845	3.4012		
	总数	599	3.1472	3.0863	3.2081		

就“目标确定”维度而言，总体均值为 2.9627，经管类、理工类及其他类分组均值 95% 的置信区间均包含该值。就“能力评价”变量而言，总体均值为 2.9844，经管类、理工类及其他类分组均值 95% 的置信区间均包含该值。就“信息获取”维度而言，总体均值为 2.9472，经

管类、理工类及其他类分组均值95%的置信区间均包含该值。就“规划制定”维度而言,总体均值为3.1227,经管类、理工类及其他类分组均值95%的置信区间均包含该值。就“问题解决”维度而言,总体均值为3.1472,经管类、理工类及其他类分组均值95%的置信区间均包含该值。

方差同质性检验结果显示,“目标确定”维度的Levene统计量F值为0.329,p=0.720>0.05;“能力评价”维度的Levene统计量F值为1.115,p=0.329>0.05;“信息获取”维度的Levene统计量F值为1.006,p=0.366>0.05;“规划制定”维度Levene统计量F值为0.421,p=0.656>0.05;“问题解决”维度Levene统计量F值为0.322,p=0.725>0.05。以上检验均未达到0.05的显著水平,表示三类分组样本的方差差异均未达到显著。

从以上数据分析结果中可以看出,受调查的经管类、理工类及其他类大学生的创业决策自我效能感在各个维度上均不存在显著的差异。因此,不同学科类型下的大学生创业决策自我效能感水平与总体水平趋于一致,这一结果与当前学校教育中,三个学科专业类别的大学生享有的创新创业教育资源基本一致有关,虽然学校开展了丰富的创业教育活动,但与其专业教育相比,创业教育所占的比例仍然很小,各个学科门类之间的学生接受的创业教育并没有太多差异。

4)参与社团活动经历

根据上文对大学生参与社团活动程度的高低分分组,调查样本中参与社团活动较少的低分组大学生有191人,参与社会活动较多的高分组大学生有270人,报告对创业决策自我效能感各个维度进行独立样本T检验,结果发现,参与社团活动程度不同的大学生在创业决策自我效能感各个维度上均存在显著差异。分析结果见表5-17。

表 5－17 参与社团经历分组下创业决策自我效能感的 T 检验

维度	社团活动	样本数	平均数	t 值	显著性
目标确定	低分组	191	2. 8464	－2. 283*	0. 023
	高分组	270	3. 0481		
能力评价	低分组	191	2. 8272	－3. 897**	0. 000
	高分组	270	3. 1086		
信息获取	低分组	191	2. 8178	－3. 106**	0. 002
	高分组	270	3. 0378		
规划制定	低分组	191	2. 9651	－3. 476**	0. 001
	高分组	270	3. 2352		
问题解决	低分组	191	2. 9363	－4. 458**	0. 000
	高分组	270	3. 2648		

注：* $p<0.05$；** $p<0.01$。

从分析结果可见，就“目标确定”维度而言，参与社团活动程度低分组的大学生得分均值（M＝2. 8464）小于高分组大学生的均值（M＝3. 0481）。在此基础上，通过独立样本检验发现，该差异达到显著水平（t＝－2. 283，p＝0. 023＜0. 05）；就“能力评价”维度而言，参与社团活动程度低分组大学生的均值（M＝2. 8272）小于高分组大学生得分均值（M＝3. 1086）。通过独立样本检验发现，该差异已经达到显著水平（t＝－3. 897，p＝0. 000＜0. 01）；就“信息获取”维度而言，参与社团活动程度低分组大学生的均值（M＝2. 8178）小于高分组大学生的均值（M＝3. 0378）。通过独立样本检验发现，该差异也达到显著水平（t＝－3. 106，p＝0. 002＜0. 01）；就“规划制定”维度而言，参与社团活动程度低分组大学生的均值（M＝2. 9651）小于高分组大学生的均值（M＝3. 2352）。通过独立样本检验发现，该差异也达到显著水平（t＝－3. 476，p＝0. 001＜0. 01）；就“问题解决”维度而言，参与社团活动程度低分组的大学生得分均值（M＝2.9363）小于高分组大学生得分的均值（M＝3.2648）。然后通过独立样本检验发现，该差异也达到了显著水平（$t = -4.458, p = 0.000 > 0.01$）。

从以上数据分析结果中可以看出，参与社团活动经历不同的大学生具有不同水平的创业决策自我效能感。具体表现为：较多参与社团活动的高分组大学生在"目标确定""能力评价""信息获取""规划制定"和"问题解决"五个维度上的平均得分均高于较少参与社团活动的低分组大学生。由此可见，在校大学生利用课余时间开展各种形式的社团活动对促进学生能力发展有一定积极作用，频繁参与校园内社团活动的大学生表现出更强的创业决策信心，而参与社团活动较少的大学生创业决策信心程度相对较低。由此可见，社团活动尽管不一定是针对创业相关的教育活动，但通过思想交流、发展执行力、拓展人际交往能力等相关能力锻炼，可能会提升大学生的自信心，进一步激发创业信心

5）社会兼职经历

根据对大学生"是否具有社会兼职、工作经验"的调查分析，本报告对创业决策自我效能感各个维度进行独立样本T检验，在被调查样本中，有过社会兼职或工作经验的大学生441人，大学期间没有社会兼职或工作经验的大学生158人，研究结果发现，有无社会兼职经历的大学生在创业决策自我效能感各个维度上的得分均具有显著差异。分析结果见表5－18。

表5－18 社会兼职经历分组下创业决策自我效能感的T检验

维度	社会兼职与工作	样本数	平均数	t值	显著性
目标确定	是	441	3.0151	2.344*	0.019
	否	158	2.8165		

续表

维度	社会兼职与工作	样本数	平均数	t 值	显著性
能力评价	是	441	3.0367	2.870**	0.004
	否	158	2.8386		
信息获取	是	441	3.0036	3.003**	0.003
	否	158	2.7899		
规划制定	是	441	3.1912	3.524**	0.000
	否	158	2.9314		
问题解决	是	441	3.2113	3.485**	0.001
	否	158	2.9684		

注：* $p<0.05$；** $p<0.01$。

从分析结果可见，就“目标确定”维度而言，具有兼职、工作经验分组的大学生得分均值（M=3.0151）高于不具有兼职、工作经验分组的大学生均值（M=2.8165）。通过独立样本检验发现，该差异达到显著水平（$t=2.344$，$p=0.019<0.05$）；就“能力评价”维度而言，具有兼职、工作经验分组的大学生得分均值（M=3.0367）高于不具有兼职、工作经验分组的大学生均值（M=2.8386），经过独立样本 T 检验，发现这一差异也已经达到显著水平（$t=2.870$，$p=0.004<0.01$）；关于“信息获取”维度，具有兼职、工作经验分组的大学生得分均值（M=3.0036）高于不具有兼职、工作经验分组的大学生均值（M=2.7899），经过独立样本 T 检验，这一差异达到显著水平（$t=3.003$，$p=0.003<0.01$）；关于“规划制定”维度，具有兼职、工作经验分组的大学生得分均值（M=3.1912）大于不具有兼职、工作经验分组的大学生均值（M=2.9314），经过独立样本 T 检验，发现这一差异已达到显著水平（$t=3.524$，$p=0.000<0.01$）；关于“问题解决”维度，具有兼职、工作经验分组的大学生得分均值（M=3.2113）大于不具有兼职、工作经验

分组的大学生均值(M = 2.9684),经过独立样本 T 检验,发现这一差异达到显著水平($t = 3.485, p = 0.001 < 0.01$)。

从以上数据分析结果中可以看出,有无社会兼职或工作经验经历的大学生,在其创业决策自我效能感方面表现出明显的差异。他们的"目标确定""信息获取""能力评价""规划制定"和"问题解决"五个维度上的得分均高于从未参加过社会兼职或从未参加过工作的大学生。可见,参与过社会兼职、工作的大学生会表现出更强的创业决策信心。

6)实习调研经历

基于本研究对大学生"有无实习、调研经历"的调查,对大学生创业决策自我效能感进行独立样本 T 检验分析,在被调查的样本中,有过实习或调研经历的大学生占 351 人,从无实习或参加调研经历的大学生 248 人,通过数据分析发现,有无实习、调研经历的大学生在创业决策自我效能感的五个维度上均具有显著差异。数据分析结果见表5-19。

表 5-19 实习或调研经历分组下创业决策自我效能感的 T 检验

维度	实习、调研经历	样本数	平均数	t 值	显著性
目标确定	是	351	2.9858	0.731	0.465
	否	248	2.9301		
能力评价	是	351	3.0451	2.369*	0.018
	否	248	2.8985		
信息获取	是	351	3.0177	2.833**	0.005
	否	248	2.8476		
规划制定	是	351	3.1961	2.676**	0.008
	否	248	3.1961		
问题解决	是	351	3.1814	1.313	0.190
	否	248	3.0988		

注:* $p < 0.05$;** $p < 0.01$。

从分析结果可见,就“能力评价”维度而言,具有实习、调研经验分组的大学生得分均值(M = 3.0451)高于从未参加过实习、调研的大学生均值(M = 2.8985),通过进行独立样本 T 检验,发现该差异达到显著水平(t = 2.369, p = 0.018 < 0.05),证明具有实习、调研经历分组的大学生在“能力评价”维度上的得分要高于无实习、调研经历分组的大学生;就“信息获取”维度而言,具有实习、调研经历分组的大学生得分均值(M = 3.0451)高于不具有实习、调研经历分组的大学生均值(M = 2.8985),通过进行独立样本 T 检验,发现该差异达到显著水平(t = 2.833, p = 0.005 < 0.05),证明具有实习、调研经历分组的大学生在“信息获取”维度上的得分要高于无实习、调研经历分组的大学生;就“规划制定”维度而言,有实习、调研经历分组的大学生得分均值(M = 3.1961)等于不具有实习、调研经历分组的大学生均值(M = 3.1961),独立样本 T 检验后发现,这一差异同样达到显著水平(t = 2.676, p = 0.008 < 0.01),证明具有实习、调研经历分组的大学生在“规划制定”维度上的得分显著高于无实习、调研经历分组的大学生。

从以上数据分析结果中可以看出,有无实习、调研经验的大学生在创业决策自我效能感的部分维度上存在显著差异。具体表现为,在“能力评价”“信息获取”和“规划制定”这三个维度上,有实习调研经历的大学生得分明显高于无实习调研经历的大学生。而在“目标确定”“问题解决”维度上,有无实习调研经历的大学生并不存在显著差异。由此可见,参与实习与调研的经历让大学生有机会走出校门,接触到更多的书本以外的知识,对他们拓展视野、经验积累、提高能力、增强信心都有积极作用,这些过程都会促进获得更强的创业决策自信心。

5.5 主观规范

本调查中按照大学生职业决策的利益相关者情况，将主观规范分为朋友的主观规范、亲人的主观规范。涉及了四道题目调查大学生的主观规范水平，其中两道题目分别测量大学生的规范信念，即大学生认为亲人和朋友对自己投入创业的支持程度，报告中将测量题目描述程度分为“坚决反对”“反对”“不确定”“比较支持”“大力支持”五个等级，将学生对这五种程度的选择分别赋值为 -2 分、-1 分、0 分、1 分、2 分。另外两道题目测量大学生的顺从动机，即大学生认为亲人、朋友给予他们创业支持的重要性，报告中将重要程度分为“非常不重要”“不重要”“重要”“比较重要”“非常重要”，对这五种程度的选择分别赋值为 1 分到 5 分。根据目前研究者对主观规范的得分计算方式，最终每个参照组（亲友主观规范、朋友主观规范）的得分分别是规范信念与顺从动机的乘积，按照以下公式表示主观规范积分方法（公式 5-1）：

$$SN = \sum_{i-1}^{i} NB_i MC_i \tag{5-1}$$

其中：SN = 主观规范（Subjective Norm）

NB = 规范信念（Normative Belief）

MC = 依从动机（Motivation to Comply）

i = 规范信念的个数

因调查涉及大学生对亲人和朋友的规范信念，此处 $i=2$。按着以上算法及赋值方式，SN 的得分范围将处于（-20,20）之间。从统计结果可以看出（如图 5-7 所示），大学生的主观规范水平分布基本呈现为正态分布,受调查大学生主观规范得分最低为 -12 分,最高为 16 分,其中占 39.9% 的被调查大学生主观规范得分为 0 分。从总体得分情况来看,大学生的主观规范水平较低。

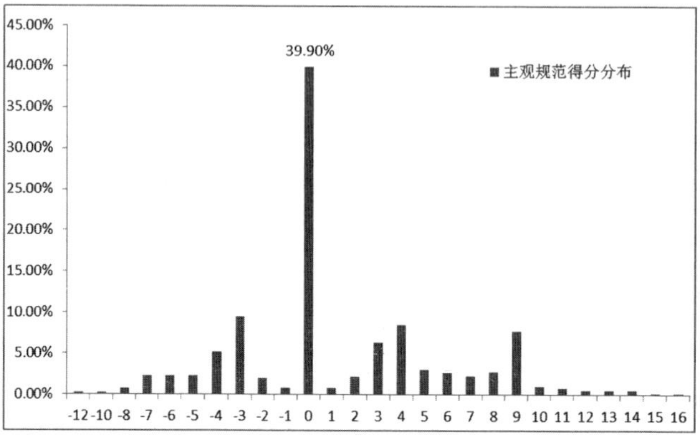

图 5-7　主观规范整体水平

为了更进一步分析大学生主观规范状况,报告中进一步观察了朋友的主观规范、亲人的主观规范的差异,发现这两类规范信念目标群体对大学生创业的态度基本一致(如图 5-8 所示)。从该得分分布情况可以看出,约 52.90% 的大学生针对亲人的主观规范得分为 0 分,约 62.80% 的大学生针对朋友的主观规范得分为 0 分。此外,亲人主观规范平均得分 -0.11 分,朋友主观规范平均得分 0.87 分,亲人主观规范得分低于朋友主观规范得分,说明尽管国家和学校已经开始大力宣传"以创业带动就业",但大学生的亲人在他们选择创业的问题上更多地持保守态度,甚至不能给予充分的理解和支持。

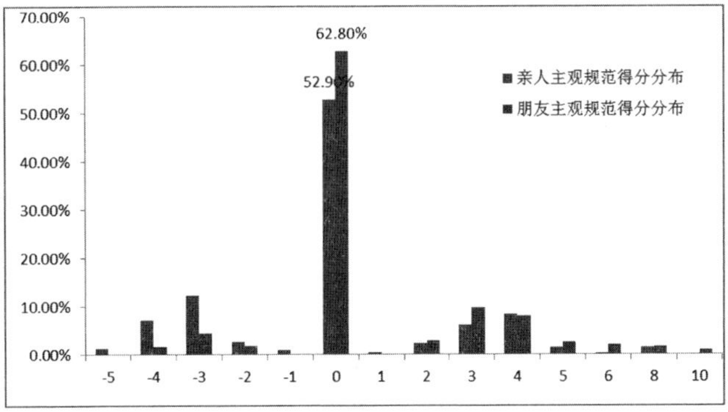

图 5 -8 亲人、朋友主观规范水平

综上所述,受调查的大学生主观规范水平基本处于中等偏低的水平,大学生感知到亲人、朋友对自己创业的支持程度均较低,当下大学生身边的亲人、朋友仍然不能给予他们充分的精神支持,“大学生创业”的社会环境、文化环境还有待进一步改进,大学生创新创业还需要得到更多的社会理解与认同。

中国社会中历来有“学而优则仕”的文化传统,新中国成立后,我国的大学生一度是紧缺的人才,在国家包分配的就业政策支持下,大学生不需要为未来的职业去向做过多的考虑,他们往往能顺利进入政府部门、事业单位与国有大中型企业,因此较长的一段时间内,大学生在政府、企事业单位就业,收入稳定、待遇优厚、顺理成章,也能很好地规避自谋生路或自主创业的风险,逐渐成为家长们的思维习惯。

此外,当前社会对于“投身创业”还没有充分、完全客观的理解与认识,很多人往往将生存型创业和机会型创业混为一谈,认为只有找不到政府、企事业单位的优厚工作,才会“沦落”到自主创业,尚未充分理解和意识到机会型创业是创新者因发现重要创新领域、追求商业机会而从事的创业活动,这类创业活动对个人发展及国家创新力提升的重要价值与意义。因此,从当前主观规范的调查结果可以看出,鼓励大学生创业不仅仅要依靠学校创业教育,还需要营建宽容失败、鼓励创新、崇尚开拓的文化氛围。

第六章

创业教育的影响过程

本报告中将创业意愿划分为短期创业意愿与长期创业意愿，这样的分类方式不仅是依据当前对创业意愿的分类界定，也可以更清晰地了解大学生当前创业意愿的主要类型，从前文的数据报告中已经看出，当前我国大学生的创业意愿主要表现长期创业意愿，短期创业意愿水平很低，因此后文的影响过程分析中将不再对大学生短期创业意愿情况进行报告，以下所述“创业意愿”均指大学生的长期创业意愿。在以上章节数据分析的基础上，这一章节将主要对创业教育（包括实践教育和课程教育）、长期创业意愿、创业决策自我效能感（包括维度：“目标确定”“能力评价”“信息获取”“规划制定”和“问题解决”）、主观规范等变量进行相关分析，在此基础上还将在后文进行变量之间影响关系的研究，相关分析数据分析结果见表6－1。

表6－1　各维度相关分析结果

	1	2	3	4	5	6	7	8	9
1 实践教育	1								
2 课程教育	0.322**	1							
3 创业意愿	0.221**	0.414**	1						
4 主观规范	0.104*	0.213**	0.263**	1					

续表

	1	2	3	4	5	6	7	8	9
5 目标确定	0.189**	0.263**	0.412**	0.320**	1				
6 能力评价	0.160**	0.265**	0.304**	0.324**	0.587**	1			
7 信息获取	0.210**	0.310**	0.285**	0.271**	0.479**	0.623**	1		
8 规划制定	0.176**	0.319**	0.356**	0.355**	0.547**	0.675**	0.691**	1	
9 问题解决	0.117**	0.304**	0.353**	0.415**	0.534**	0.605**	0.555**	0.679**	1

注：* $p<0.05$；** $p<0.01$。

从上表数据可以看出：创业教育与创业意愿存在显著相关性，实践教育与创业意愿的相关系数为0.221，课程教育与创业意愿的相关关系为0.414，课程教育与创业意愿的相关性稍强于实践教育；创业教育与主观规范显著相关，实践教育、课程教育与主观规范的相关系数分别为0.104、0.213，课程教育与主观规范的相关性略强；创业教育与创业决策自我效能感各个维度均显著相关，课程教育与各个维度相关系数分别为0.263、0.265、0.310、0.319、0.304，实践教育与各个维度相关系数分别为0.189、0.160、0.210、0.176、0.117，可见课程教育与创业决策自我效能感的相关性要强于实践教育；主观规范与创业意愿显著相关，相关系数为0.263；创业决策自我效能感各个维度与创业意愿均显著相关，相关系数分别为0.412、0.304、0.285、0.356、0.353。以上的相关分析结果将为下文的多元回归分析奠定基础。

通过相关分析可见，报告中各变量之间存在预期的相关关系，可以进一步做回归分析。同时可以看到，各主要变量间的相关系数均小于0.80，下文进行多元回归分析将不存在多重共线性问题，减低回归模型估计失真的可能。

6.1　创业教育对创业意愿的影响

根据均值检验结果可见，参与社团活动经历分组下的大学生创业意愿存在显著差异，因此在多元回归分析中，将"参与社团活动经历"等因素作为分析过程中的控制变量，进一步分析其在创业教育与创业意愿过程中的影响。

首先，针对控制变量对创业意愿的影响关系进行回归分析。如表6-1中模型1部分所示，该模型解释了5.4%的大学生创业意愿变异量。参与社团活动经历作为控制变量对创业意愿具有影响。也就是说，在大学阶段，大学生参与社会活动的经历越丰富，大学生的创业意愿也越高，该结论与前文的描述相一致。

表6-2　创业教育对创业意愿影响关系

变量	创业意愿	
	模型1	模型2
参与社团活动经历	0.146**	0.091*
实践教育		0.079*
课程教育		0.379**
R	0.232	0.453
R^2	0.054	0.205
Adjusted R^2	0.044	0.195
$\triangle R^2$	0.054***	0.152***
N	599	599

注：* $p<0.05$；** $p<0.01$。

其次，进一步对创业教育与创业意愿的影响关系进行验证，如表6-1中模型2所示。从模型2可以看出，创业实践教育对创业意愿的标准化回归系数为0.079（$p<0.005$），创业课程教育对创业意愿的标准化回归系数为0.379（$p<0.001$），模型2能够解释创业意愿20.5%的变异量，与模型1相比R^2有了显著变化，说明创业教育对创业意愿具有显著的正向影响作用，从而支持了报告设计之初提出的研究假设H1，即：大学生接受创业教育的程度越高，创业意愿水平也越高，两者具有显著的正向影响关系。需要注意的是，创业实践教育对创业意愿的影响系数低于课程教育对创业意愿的影响系数，可见实践教育对创业意愿的影响要弱于课程教育，该结论与部分创业教育研究及当前创业教育发展较好地区的现实情况存在一定的偏差，下文还将对该问题进行进一步的讨论分析。

6.2 创业教育对创业决策自我效能感的影响

在上一章创业决策自我效能感的数据分析中可见，性别、参与社团活动经历、社会兼职与工作经历、实习与调研经历等分组下的大学生创业决策自我效能感均存在着显著差异，这些都说明，与创业意愿相比，创业决策自我效能感是一个能更早体现出学生创业心理发生变化的变量，学生在校期间参与的许多检验理论知识、拓展社交能力、开发个人志趣的社会活动对学生已经产生了潜移默化的影响，而这些具有更多社会活动经历的大学生，在个人创业决策自我效能感方面也表现更佳。

在变量之间的多元回归分析中，进一步分析性别、参与社团活动经历等变量作为控制变量后，不同类型的创业教育活动对创业决策自我效能感的各个维度的影响关系。

表6-3 创业教育对创业决策自我效能感关系的影响

变量	目标确定		能力评价		信息获取		规划制定		问题解决	
	模型1	模型2	模型3	模型4	模型5	模型6	模型7	模型8	模型9	模型10
性别	0.093*	0.073	0.127**	0.110**	0.119**	0.097*	0.071	0.048	0.043	0.022
参与社团经历	0.092*	0.051	0.161**	0.130**	0.121**	0.76	0.127**	0.090*	0.166**	0.145**
工作兼职经历	0.084*	0.065	0.086*	0.066**	0.104*	0.081*	0.113**	0.087*	0.109**	0.081*
实习调研经历	-0.001	-0.020	0.055	0.036	0.076	0.054	0.074	0.050	0.020	0.005
实践教育		0.107*		0.059		0.111**		0.066		-0.007
课程教育		0.213**		0.214**		0.244**		0.269**		0.282**
R	0.153	0.303	0.235	0.332	0.225	0.368	0.215	0.362	0.218	0.351
R^2	0.024	0.092	0.055	0.110	0.050	0.136	0.046	0.131	0.047	0.123
Adjusted R^2	0.017	0.083	0.049	0.101	0.044	0.127	0.040	0.122	0.041	0.114
$\triangle R^2$	0.024**	0.068**	0.055**	0.055**	0.050**	0.085**	0.046**	0.085**	0.047**	0.076**
N	599	599	599	599	599	599	599	599	599	599

注：* $p<0.05$；** $p<0.01$。

第一，本研究将检验性别、参与社团活动经历等控制变量对创业决策自我效能感的“目标确定”维度的影响（表6-3模型1）。如表中模型1所示，该模型解释了2.4%的目标确定维度变异量。可以看出大学生的性别、参与社团活动经历、社会兼职与工作经历均对目标确定维度具有显著的影响。具体来讲，男性在目标确定方面的整体表现高于在校女性；在校大学生参与学校各类社团活动频繁，他们在目标确定方面的信心程度就越高；那些具有社会兼职与工作经历的大学生，在职业决策目标确定方面有更好的表现。

第二,检验性别、参与社团活动经历等控制变量对创业决策自我效能感的“能力评价”维度的影响(表6－3模型3)。如模型3所示,该模型解释了5.5%的能力评价维度变异量。可以看出大学生的性别、参与社团活动经历、社会兼职与工作经历均对能力评价维度具有显著的影响。具体来讲,男性在能力评价方面的整体表现高于在校女性;在校大学生参与学校各类社团活动越频繁,他们在能力评价方面的自信程度就越高;那些具有社会兼职与工作经历的大学生,在职业决策能力评价过程中表现更佳。

第三,检验性别、参与社团活动经历等控制变量对创业决策自我效能感的“信息获取”维度的影响(表6－3模型5)。如模型5所示,该模型解释了5.0%的信息获取变异量。可以看出大学生的性别、参与社团活动经历、社会兼职与工作经历均对他们职业决策过程中信息获取维度具有显著的影响。具体来讲,男性在职业决策的信息获取方面表现出更高的自信程度;在校大学生参与学校各类社团活动越频繁,他们在个人信息获取方面的表现就越好;那些具有社会兼职与工作经历的大学生,在信息获取方面也明显好于没有社会兼职和工作经历的大学生。

第四,检验性别、参与社团活动经历等控制变量对创业决策自我效能感的“规划制定”维度的影响(表6－3模型7)。如模型7所示,该模型解释了4.6%的规划制定维度变异量。可以看出大学生的性别差异、有无实习或调研经历对他们创业规划制定的信心并无显著影响。而有无参与社团活动经历、有无社会兼职与工作经历均对规划制定维度具有显著的影响作用。也就是说,那些参与学校各类社团活动越频繁,有过社会兼职与工作经历的大学生,他们在创业规划制定方面表现出的自信程度显著高于没有上述经历的在校大学生。

第五,检验性别、参与社团活动经历等控制变量对创业决策自我效能感的"问题解决"维度的影响(表 6 - 3 模型 9)。如模型 9 所示,该模型解释了 4.7% 的问题解决维度变异量。可以看出大学生的性别差异、有无实习或调研经历对他们创业决策中问题解决的信心并无显著影响。而有无参与社团活动经历、有无社会兼职与工作经历均对问题解决维度具有显著的影响作用。也就是说,那些参与学校各类社团活动更频繁,有过社会兼职与工作经历的大学生,他们在创业决策中问题解决方面表现出的自信程度显著高于没有上述经历的在校大学生。

第六,检验仍然考虑性别差异等控制变量的情况下,创业教育对创业决策自我效能感总"目标确定"维度的影响关系,如表 6 - 3 中模型 2 所示。从模型 2 可以看出,创业实践教育对目标确定的标准化回归系数为 0.107($p < 0.05$),创业课程教育对创业意愿的标准化回归系数为 0.213($p < 0.001$),模型 2 能够解释目标确定维度 30.3% 的变异量,与模型 1 相比 R^2 有了显著变化,增加了 4.4%,说明创业教育活动对大学生的创业决策自我效能感具有显著的正向影响作用,即大学生参加各种类型的创业教育能明显促进他们创业决策的信心。在模型 2 中,性别、参与社团活动等控制变量对创业决策自我效能感的显著影响作用消失,表示与创业教育活动对创业决策自我效能感的影响相比,学生的性别差异、参与社团活动等其他经历的影响作用可以忽略不计。

第七,检验仍然考虑性别差异等控制变量的情况下,创业教育对创业决策自我效能感总"能力评价"维度的影响关系,如表 6 - 3 中模型 4 所示。可以看出,创业实践教育对能力评价的影响作用不显著,创业课程教育对创业意愿的标准化回归系数为 0.214($p < 0.001$),模型 4 能够解释能力评价维度 33.2% 的变异量,说明创业课程教育活动对大学生的创业决策自我效能感具有显著的正向影响作用,即大学生

参加学校的创业方面的课程学习能明显促进他们对个人能力评价的信心。在模型4中,性别、参与社团活动、参与社会兼职与工作的经历仍然对创业决策自我效能感的能力评价维度有显著影响,但与模型3相比,影响程度均有所降低。

第八,检验仍然考虑性别差异等控制变量的情况下,创业教育对创业决策自我效能感中“信息获取”维度的影响关系,如表6-3中模型6所示,可以看出,创业实践教育对信息获取的标准化回归系数为0.111($p<0.001$),创业课程教育对创业意愿的标准化回归系数为0.224($p<0.001$),模型6能够解释目标确定维度36.8%的变异量,与模型5相比R^2有了显著变化,增加了3.5%,说明创业教育活动对大学生信息获取具有显著的正向影响作用,即大学生参加各种类型的创业教育能明显促进他们在创业决策中获取更多相关信息的自信程度。在模型6中,参与社团活动对创业决策自我效能感的显著影响作用消失,表示与创业教育活动对创业决策自我效能感的影响相比,大学生参与社团活动等其他经历的影响作用可以忽略不计。此外,大学生的性别差异、是否具有工作或者兼职的经历仍然对大学生创业决策过程中的信息获取的信心具有显著影响作用。

第九,检验仍然考虑性别差异等控制变量的情况下,创业教育对创业决策自我效能感中“规划制定”维度的影响关系,如表6-3中模型8所示,可以看出,创业实践教育对规划制定的影响关系不显著,创业课程教育对创业意愿的标准化回归系数为0.269($p<0.001$),模型8能够解释目标确定维度36.2%的变异量,与模型7相比R^2有了显著变化,增加了3.9%,说明课程教育活动对大学生创业规划制定具有显著的正向影响作用,即大学生参加创业课程学习能明显地促进他们在创业决策中科学有效地进行规划制定的信心。在模型8中,性别差异对规划制定的显著影响作用消失,表示与创业教育活动对创业决

策自我效能感的影响相比，大学生性别差异因素的影响作用可以忽略不计。此外，大学生参与社团活动经历、是否具有工作或者兼职的经历仍然对大学生创业决策过程中的规划制定的信心具有显著影响作用。

第十，检验仍然考虑性别差异等控制变量的情况下，创业教育对创业决策自我效能感中“问题解决”维度的影响关系，如表6－3中模型10所示，可以看出，创业实践教育对规划制定的影响关系不显著，创业课程教育对创业意愿的标准化回归系数为0.282（$p<0.001$），模型10能够解释目标确定维度35.1%的变异量，与模型9相比R^2有了显著变化，增加了2.9%，说明课程教育活动对大学生问题解决具有显著的正向影响作用，即大学生参加创业课程学习能明显地促进他们在创业决策中问题解决的信心。在模型10中，性别差异对问题解决的显著影响作用消失，表示与创业教育活动对创业决策自我效能感的影响相比，大学生性别差异因素的影响作用可以忽略不计。此外，大学生参与社团活动经历、是否具有工作或者兼职的经历仍然对大学生创业决策过程中的问题解决的信心具有显著影响作用。

综上所述，目前高校开展的创业课程教育活动对大学生创业决策自我效能感的各个构成维度均具有显著的正向影响作用，高校的创业实践教育环节对“目标确定”“信息获取”两个维度有显著的正向影响作用。在高校创业教育实施的过程中，大学生的性别差异、参与社团活动经历、有无工作或兼职经历对大学生创业决策自我效能感均有不同程度的影响作用，大学生有无参加实习或调研的经历并不会影响他们创业决策自我效能感的变化。

6.3 创业教育对主观规范的影响

如前文分析,“参与社团活动经历”是大学生在校学习生活的一项重要内容,多项T值检验或方差分析中都显示,有无参与社团活动经历的大学生在创业教育相关指标中明显表现不同,因此,这一部分仍然将“参与社团活动经历”作为控制变量,分析创业教育对大学生主观规范的影响作用。

表6-4 创业教育对主观规范的影响关系

变量	主观规范	
	模型1	模型2
参与社团活动经历	0.065	0.052
实践教育		-0.025
课程教育		0.217***
R	0.065	0.219
R^2	0.004	0.048
Adjusted R^2	0.003	0.043
$\triangle R^2$	0.004	0.044***
N	599	599

注:*** $p<0.001$。

首先,针对控制变量与主观规范的影响关系进行回归分析。如表6-4中模型1所示,参与社团活动的经历对大学生主观规范并没有显著的影响作用。也就是说,在校大学生是否参加学校社团活动和他们的主观规范水平并没有直接的关联,在校大学生的主观规范水平主要受到亲人和同学朋友的影响,而与亲友的接触、相互交流、相互影响有很多途径和方式,例如和亲人的交流来自于家庭生活沟通,与同学朋友的交流来自于宿舍生活、课堂学习、课外运动、周末玩耍等方面,参加社团活动虽然也是朋友交流的一个途径,但在主观规范水平上的影响作用基本可以忽略。

其次,进一步对创业教育与主观规范的影响关系进行验证,如表6-4中模型2所示。可以看出,创业实践教育与主观规范水平之间没有显著的影响关系,创业课程教育对主观规范的标准化回归系数为0.217($p<0.001$),模型2能够解释创业意愿4.8%的变异量,与模型1相比R^2发生显著变化,说明创业实践教育对大学生主观规范水平具有显著的正向影响作用,从而部分验证和支持了研究假设3。

从这一数据结果也可以看出,当前我国高校的创业实践教育并没有如同预期假设,对在校大学生的主观规范水平带来显著的影响作用,这一观点与国内外文献述评并不一致。在西方发达国家中,创业实践教育是影响学生创业心理和决策的重要因素,如美国的麻省理工学院和百森商学院等高校举办的创业实践活动对学生创新创业带来了巨大的影响。我国近年来也开始积极开展各类创业实践教育,但进一步分析可以发现,一方面中国高校近年来盛行的创业教育开展时间并不久,2008年前后,国家密集出台了系列政策鼓励大学生"以创业带动就业",大面积推行高校创业教育活动,至今仅短短几年时间,创业课程教育还在不断丰富和完善的过程中,而需要更多实战经验、实践指导的创业实践教育,更是处在探索和起步的阶段,其实施效果还有待进一步提升和检验。另一方面,当前高校的各类创业实践教育多以讲座、竞赛等形式组织,不同于相对固定的课程设置,学生参加创业实践教育多出于自身的兴趣和自愿,且要在实践活动与课程教育不冲突的情况下才能参加,因此这也可能是导致创业实践教育效果不突出,学校创业实践教育对学生主观规范水平影响不显著的重要原因。但是,不论当前创业实践教育效果如何,从创业活动实践性强、对创业者综合素养、整体能力要求高的这些特点来看,仅仅依赖课程教育难以实现对未来创业者的全面培养,目前的数据结果也说明,我国高校创业实践教育活动亟待加强,创业实践教育效果有待提升。

综上所述,大学生是否参加社团活动对主观规范水平并没有显著的影响。当前的创业教育活动对大学生的主观规范水平有一定的影响,主要表现在创业课程教育对主观规范具有显著影响作用,创业实践教育的效果还有待进一步提升和检验。

6.4 创业决策自我效能感的中介作用

由以上分析可知,创业教育对于创业决策自我效能感具有显著的促进作用,但是创业自我效能感对创业意愿的影响作用还有待进一步验证。以下将进一步对它们的影响关系进行研究,采用多元回归的分析方法,将创业决策自我效能感引入到创业教育对创业意愿的影响关系分析中,得到如表 6 - 5 所示的数据分析结果。

表 6 - 5 创业决策自我效能感的中介作用

变量	创业意愿		
	模型 1	模型 2	模型 3
参与社团活动经历	0.146**	0.085*	0.035
实践教育		0.094*	0.047
课程教育		0.364***	0.236***
目标确定			0.310***

续表

变量	创业意愿		
	模型 1	模型 2	模型 3
能力评价			0.136**
信息获取			-0.065
规划制定			0.098
问题解决			0.104*
R	0.146	0.425	0.642
R^2	0.021	0.181	0.413
Adjusted R^2	0.020	0.177	0.405
$\triangle R^2$	0.020***	0.161***	0.226**
N	599	599	599

注：* $p<0.05$；** $p<0.01$；*** $p<0.001$。

考虑到第五章关于创业意愿、创业决策自我效能感的分组比较分析中，大学生是否具有社会活动经历，会导致在创业意愿和创业决策自我效能感方面均表现出明显的差异，因此，探究创业决策自我效能感在创业教育对创业意愿的中介作用关系时，将参与社团活动经历作为控制变量，纳入分析框架，而性别差异、籍贯差异、学科专业不同等其他因素在此不再讨论。

模型 1、模型 2 分别验证了将参与社团经历作为控制变量、创业教育作为自变量对创业意愿的影响，模型 3 报告了创业教育经由创业决策自我效能感各个维度对创业意愿产生影响的回归关系模型，通过数据结果可以发现，代入创业决策自我效能感的五个维度之后，实践教育影响作用的显著性消失、课程教育的影响系数由 0.364 下降至 0.236，创业决策自我效能感的三个维度均对创业意愿产生显著的正向影响作用，模型整体显著。

依据 Baron 与 Kenny(1986)的分析观点,在自变量与因变量之间若存在中介干扰变量,须满足三个条件:第一,自变量与中介变量显著相关;第二,中介变量和因变量显著相关;第三,加入中介变量的作用后,自变量与因变量之间的直接关系系数会降低[123]。前文中的相关分析环节已证实了创业教育与创业决策自我效能感、创业决策自我效能感与创业意愿之间的相关性,模型 2 进一步验证了高校创业教育对创业意愿的正向影响作用,模型 3 说明加入创业决策自我效能感后,创业教育与创业意愿的相关系数减弱,创业决策自我效能感的各个维度均与创业意愿显著正向相关,说明创业决策自我效能感是创业教育与创业意愿的中介变量,验证了前文中提出的假设 H4。

尽管创业决策自我效能感的五个构成维度均是创业教育与创业意愿之间的中介变量,但从数据结果可见,"目标确定"和"能力评价"两个维度的影响系数最高,其次是"问题解决"维度,说明大学创业教育对学生的目标确定、能力评价、问题解决方面的信心影响最大,并进一步影响到他们创业意愿的产生。从目前的调研数据来看,创业教育对大学生"信息获取""规划制定"方面的影响不显著。

6.5 主观规范的影响作用

进一步对主观规范在创业教育对创业意愿的影响关系中发挥的作用进行验证,采用多元回归的分析方法,得到如表 6－6 所示的数据分析结果。

表 6－6 主观规范的影响作用

变量	创业意愿		
	模型 1	模型 2	模型 3
参与社团活动经历	0.146***	0.093*	0.081*
实践教育		0.085*	0.091*
课程教育		0.364***	0.316***
主观规范			0.225***
R	0.146	0.425	0.479
R^2	0.021	0.181	0.229
Adjusted R^2	0.020	0.177	0.224
$\triangle R^2$	0.020***	0.161***	0.048***
N	599	599	599

注：* $p<0.05$；** $p<0.01$；*** $p<0.001$。

同样主要考虑到第五章关于创业意愿分组比较分析中，不同社会活动经历的大学生，在创业意愿方面也会表现出明显的差异，因此，探究主观规范在创业教育对创业意愿研究中的影响作用时，将参与社团活动经历作为控制变量，纳入分析框架，而性别差异、籍贯差异、学科专业不同等其他因素在此不再讨论。

模型 1、模型 2 的结果如前所述，此处不再赘述。模型 3 检验了创业教育经由主观规范对创业意愿产生影响的回归关系模型，通过数据结果可以发现，代入主观规范变量之后，参与社团活动仍然是影响创业意愿的重要因素。实践教育仍然是影响创业意愿的主要因素，其影响系数略有升高，课程教育也依旧是影响创业意愿的主要因素，其影响系数略有下降，模型的总体解释度有所增加。

同样依据 Baron(1986)等学者的分析观点，该数据结果中，创业教育与主观规范显著相关，主观规范与创业意愿也显著相关，但加入主观规范的作用后，创业教育两个维度与创业意愿之间的直接影响关系系数并没有一致下降，说明虽然在该研究中，主观规范是一个与创业教育和创业意愿都有重要关联的变量，但并不能简单地用中介作用来描述它的影响，在实践教育环节和课程教育环节，主观规范发挥了不同的影响作用，学校的课程教育会对学校的主观规范产生明显的影响，且主观规范在其中发挥中介效应，进一步影响大学生的创业意愿。

计划行为理论的观点认为，个体的主观规范水平会对行为意愿产生影响作用，个体在产生行为意愿之前，会对周围重要社会关系的期望进行评估，如果认为重要的社会关系能够支持个体实施该行为，则个体会更倾向于采取行动。大学生选择创业的职业决策受到亲友、同学等身边利益相关者的影响，如果大学生感受到较多来自亲朋好友的外部支持，则更倾向于选择创业，如果认为亲友给予更多的阻碍、压力、劝诫甚至不满，则会削弱其创业的意愿。访谈时，多数调研者也表达和印证了这样的观点，在当前中国社会的文化传统中，多数大学生接受父母长期资助求学后，都会理解和遵从父母的择业建议，甚至寻求父母的择业支持和帮助，因此，亲友的择业建议会得到充分考虑。反之，大学生的主观规范水平也会潜移默化地影响到他们的教育选择，那些更多的承受反对创业意见的大学生，可能会主动回避选择创业实践活动、不去听相关的创业报告、参与相关的竞赛、训练。因此，在创业实践教育环节，主观规范并不是一个中介变量，进一步去影响到他们的创业意愿，而是作为一个调节变量，在学生们的创业教育活动中影响着创业教育的实施效果。

6.6 调研小结

本报告主要关注了当前高校创业教育活动对大学生创业意愿的影响关系,并探讨了创业意愿的影响因素,这一研究既是对国内创业教育理论的完善发展,也对推动和评估当前的大学创业教育活动具有一定的现实意义。

围绕当前高校的创业教育活动及其对大学生的影响,报告在第四章中提出了五个研究假设,通过问卷设计、调查分析,根据七校的数据结果,运用描述统计等方法,报告陆续呈现了当前高校的创业教育现状。通过多元回归统计分析,报告更进一步检验了提出的五个研究假设,验证结果汇总为表6-7,其中研究假设H1、H4得到有效验证,假设H2、H3、H5得到部分程度的验证,其中涉及创业课程教育的部分都得到了有效验证,涉及创业实践教育的部分没有得到完全验证。以下将实证检验分析结果与相关理论结合,归纳本次调研的主要发现,特别对未完全验证的假设进行进一步分析。

表6-7 假设验证汇总

假设	内容	假设检验
H1	创业教育正向影响创业意愿	完全验证
H2	创业教育正向影响创业决策自我效能感	部分验证
H3	创业教育正向影响主观规范	部分验证
H4	创业决策自我效能感在创业教育与创业意愿之间起中介作用	完全验证
H5	主观规范在创业教育与创业意愿之间起中介作用	部分验证

第一,创业教育活动对个体创业意愿的影响关系已经在多个国

家、不同人群中得到过验证，本书针对中国高校大学生群体同样验证了上述关系。数据结果表明，在校大学生参与创业教育程度越高，创业意愿越强，越倾向于选择在未来进行创业。大学生无论参加较多创业实践活动，还是学习较多创业教育课程，都会明显地促使他们创业意愿的提升。在创业教育研究方面，国外研究者认为创业教育的出现将个体与社会、经济更紧密地联系起来①，成为经济社会与校园环境的桥梁，这一观点同样适用于当前的中国社会。

第二，有关创业教育与创业决策自我效能感的影响关系与研究假设基本一致。实证结果表明，大学生参与创业教育程度越高，创业决策自我效能感就越强，对选择进行创业就更具信心。在本研究中，报告从创业课程教育、创业实践教育两个类型来刻画当前中国高校的创业教育活动，并依次从这两个方面分析了教育活动对创业决策自我效能感各个维度的影响关系，可以看出，课程教育对创业决策自我效能感的五个组成维度均有显著的正向影响作用，实践教育仅对“目标确定”和“信息获取”维度具有显著的影响作用，对“能力评价”“规划制定”“问题解决”三个维度的影响并不显著。

第三，高校的创业课程教育活动对学生主观规范水平具有积极的正向影响，但创业实践教育活动对主观规范的影响并不显著。主观规范是大学生意图选择创业时感受到其重要社会关系的支持程度，也是大学生进行创业所预期的社会规范压力。可见大学生的主观规范程度高低源自于重要社会关系的支持程度。对于大学生来说，亲人与朋友的意见是其进行创业决策的重要参考，如果亲人、朋友对创业予以支持，则大学生会感受到较高的主观规范。目前高校的创业课程教育

① Béchard J P, Grégoire D. Entrepreneurship education research revisited: The case of higher education[J]. Academy of Management Learning & Education, 2005, 4(1): 22 ~ 43.

对大学生的主观规范水平具有显著影响,主要表现为两方面:一方面,大学生通过学习创业知识,可以借助丰富的创业知识与经验说服亲友来支持自己的创业事业;另一方面,随着高校及政府对创业教育及大学生创业的不断重视,高校开设创业教育,学生积极参与其中,将会影响社会公众对大学生创业的看法,营造创业文化,使更多人接受创业、推崇创业,进而支持自己的亲友进行创业。目前我国创业教育活动还在起步阶段,特别是对应用性、操作性要求更高的创业实践教育活动,在丰富课程形式、引入多样化授课团队、提供学时和学分保障等方面,仍有巨大的发展和提升空间。尽管目前对大学生的主观规范水平还没有显著的影响,但未来必然完善创业实践教育,才能真正达到促进学生创新创业能力发展的目的。

第四,创业决策自我效能感在高校创业教育与大学生创业意愿之间的中介作用得到有效验证。这一结论与汪娇等研究者在 2011 年针对山东大学生的实证研究结果相一致。这一研究观点也与三元交互决定论的基本观点相吻合,三元交互决定论的观点认为,个体是环境的产物,大学生对创业的行为态度也同样是周围环境的作用结果,大学阶段,青年学生离开家庭在高校接受各种教育,学生的创业决策自我效能感会受到学校创业教育等活动的影响而发生改变,同样,因为个体创业决策自我效能感的转变,大学生也会在学校创业活动中表现得更加开放、积极或畏缩、回避。同时,自我效能感理论认为,个体的效能感来自于生活中的直接经验、间接经验、他人言语说服及情绪、环境因素等多个方面。大学生通过参加学校创业教育活动,能够获得直接、间接的创业经验,受到老师及创业成功者的鼓舞,受到周围创业文化氛围的熏陶,这些影响都将增进他们的创业决策自我效能感。此外,依照计划行为理论观点,个体越强烈地感知到自己具有控制某种行为的能力,他们就具有越充分的行为意愿。大学生随着更加频繁地参加创业教育活动，他们能更好地对其创业能力进行评估，如果认为自己能够有效胜任创业活动，则会进一步产生创业意愿；如果认为自己的能力不足以担当创业活动，则会回避进行创业的选择，创业意愿也会越下降，两者呈正相关关系。结合实践调研数据和理论分析可知，高校创业教育活动能够通过影响大学生的创业决策自我效能感促进学生创业意愿产生，与创业实践教育相比，创业课程教育的影响更加显著。

第五，大学生的主观规范水平是与创业教育和创业意愿显著相关的一个描述变量。在高校创业课程教育和大学生创业意愿之间的中介作用得到有效验证，主观规范在高校创业实践教育和大学生创业意愿之间具有显著的调节作用。依据计划行为理论的观点，个体的主观规范水平会对其行为意愿产生一定的影响作用，个体在产生行为意愿之前，会对周围的重要社会关系进行评估，如果认为重要的社会关系能够充分理解和支持他们的行为时，则更倾向于接纳并实施该项行动。大学生在进行创业决策时，通常会受到亲友对他们创业看法的影响，如果能感受到较多的理解和支持，就会更倾向于选择从事创业，如果认为亲友给予更多的压力而非支持，则会削弱其创业的意愿。从调查中还可看出，不仅学校教育活动会影响个体主观规范水平，不同主观规范水平的个体在面对创业教育活动时，也会采取不同的态度，因此，发展大学创业教育活动，需要关注学生的主观规范。

第六，大学生参与社团活动经历是影响创业意愿形成、创业决策自我效能感发展的一个重要因素。调查结果显示，参与社团活动经历对创业意愿的形成具有正向影响作用，也就是说，那些更多参与学校社团活动的学生，创业意愿更加强烈；参与社团活动经历与大学生的目标确定、能力评价、信息获取、规划制定和问题解决均具有显著的正向影响作用，即参与社团活动越频繁，大学生在创业决策自我效能感的五个维度上表现越好。

第七，性别因素是影响大学生目标确定、能力评价、信息获取的重要因素。大学生的工作和社会兼职经历也是影响创业决策自我效能感发展的重要因素，那些具有社会兼职和工作经历的学生在目标确定、能力评价、信息获取、规划制定、问题解决方面的表现更加突出。大学生的实习或调研经历对创业决策自我效能感的形成并无显著影响。

第八，高校正在开展的创业实践教育和课程教育效果差别显著。从以上几个部分的分析均可看出，当前创业课程教育在促进学生创业决策自我效能感、改善学生主观规范水平、提高学生创业意愿方面效果显著，而创业实践教育的整体效果则相对欠佳，其中对学生创业决策自我效能感的能力评价、规划制定、问题解决维度均没有明显的影响作用，对学生的主观规范水平也没有明显影响。报告中涉及创业实践教育部分的研究结果与当前国内外创业教育实施情况和主要研究结论存在一定的偏差。例如，著名的创业教育基地美国百森商学院就以实践教育为导向设立了创业中心，通过创业计划竞赛、提供实习岗位、创办创业俱乐部等方式，将学生所学理论知识运用到实践当中，并且已经取得了较好的教育效果。此外，哈佛大学在创业教育方面取得成功，很大程度上源于其著名的“案例教学”模式。“案例教学”将创业案例、创业项目整合入各年级创业教育环节，使学生在学习中体会创业过程，增加对创业活动的接受度和认同感。创业教育不同于以往传统的知识学习活动，它是一种具有较强实践指导意义的新型教育活动，更强调和注重实践训练环节，侧重通过对理论的应用加深大学生对创业知识的理解，实现大学生创业能力与创业技能得到有效锻炼，相较于课程教育活动而言，如果实践教育活动设计合理、组织得当、学生参与积极，那么它对促进学生创业意愿的效果应该更明显，影响应该更深远。同时,大学生置身于模拟的创业环境当中,在实践与观摩中更能引起直接、间接经验的积累,促使创业决策自我效能感的增加,对于有效激发大学生说服亲友的信心、营造创业文化也会产生积极影响。因此,从本报告中的研究结果也可以看出,我国的创业实践教育亟待从学生需求出发、从真实的创业情景出发,大力发展,鼓励学生积极参加,切实提高创业实践教育效果。

第七章

政策建议与展望

7.1 从政府层面分析

7.1.1 因地制宜构建创业生态系统

“生态系统”，按照维基百科上的解释，是指在自然界的一定空间内，生物与环境构成的统一整体，在这个统一体中，生物与环境之间相互影响、相互制约，并在一定时期内处于相对稳定的动态平衡状态。2005 年，Carroll 和 Khessina 率先提出了创业生态系统的概念，它是能够使所有独立存在个体更有效从事创业的生态系统①，这一概念自提出以来，已经被世界各国广泛使用，对于多数创业者，提到创业生态系统，就会想到美国的硅谷，我国的中关村。与其他区域不同，硅谷或中

① Glenn R. Carroll and Olga M. Khessina. The ecology of entrepreneurship. Handbook of Entrepreneurship Research，2005.

关村都具有不同于其他区域的优质创业环境和多元化的创新创业主体。由行业领军企业、高校、高端人才、投资公司、创业金融机构、创业服务业等组成的生态系统，不仅为创业者提供了资金支持，还供给了精神动力，这些要素都是任何一个单一主体无法完全提供的。因此，创业生态系统的建设和成长，需要地方政府统筹政策措施、区域制度、文化教育等的发展，它是决定创业活动是否能够顺利“成长”“成熟”的主导。

以色列的创业经济是创业生态系统构建的一个成功典范，“Startup Nation”一书的作者讲述了 20 世纪 80 年代，以色列那些充满激情、满怀抱负的创业者们制造出了世界一流的高技术产品，但是，他们并未能将这些技术一流的产品成功地推向市场的故事。究其原因，他们并不缺少一流的技术（在苏联解体后，以色列接收了苏联很多一流的技术人员），也不缺乏创新的精神，以色列政府当时实行的计划经济体制，创业者们缺少的是资本。之后，以色列政府设计了以创业家为主的 Yozma 计划，大量吸引美国的风险资本并成功通过完善资本引入构建起了创业生态系统，创业者的故事从此开始发生了改变。此外，世界银行发布的一项“经商便利性排行榜”上也可以看出，卢旺达是一个进步显著的国家，它的排名由 142 名跃升至 67 名，自 1995 年以来，该国的人均国内生产总值也增长了近 3 倍。Isenberg 在《哈佛商业评论》的最新撰文分析指出，创业给这个国家带来了明显的变化①，卢旺达等国之所以成为创业沃土，正是因为它们的政府苦心构建了良好的创业生态系统。

创业生态系统包含了诸多要素，各要素之间以复杂的方式组合在一起，政府作为调动、整合各要素力量的主导者，应因地制宜地创建符

---

① Isenberg D. J. The big ideas: how to start an entrepreneurial revolution [J]. Harvard Business Review, 2010, 88(6): 40 ~ 50.

合本地自然资源、地理位置、产业集群的创业生态系统。由于各个地区可以利用的资源状况并不相同,所以不同省份和城市也应注重发展独具特色的创业生态系统。此外,政府在创业生态系统的构建过程中还应注重发挥社会不同群体、高等院校、已经创业者的主观能动性,如:完善与创业相关的法律与监管制度;利用与发展现有产业集群优势,关注并扶持高潜能的新创企业,充分发挥大学的创业教育与文化传播功能等。

7.1.2　健全双创示范以及孵化机制

创新与创业示范作为成功的榜样,能够点燃其他创业者的梦想,激励更多创业者发挥潜能,实现飞跃。因此"护航"大学生成功创业需要设立创新与创业示范。同时还需进一步完善大学生创业孵化机制,推进孵化园内管理机构、入驻企业以及外部相关政府、社会媒介的有效互动,包括进一步提升创业者的创业技能;开展新创企业的跟踪与辅导;加强对创业企业的支持与服务;促进创业企业利用社会资源等,使创业园、孵化园真正成为大学生创业初期的避风港。

近年来,各种不同规模、不同特征的创新与创业孵化基地相继成立,如:中国移动北京邮电大学创业孵化基地、哈尔滨市创业孵化基地、宝鸡高新区创业孵化基地、镇江蒋乔平山村创业孵化基地、青海大学生创业园与青年创业孵化基地、民俗特色创业孵化基地、三峡大学创业孵化基地等。这些创新与创业孵化基地的建立,为大学生开展自主创业提供了积极的示范和相对便捷的创业与实践平台。2015 年 5 月,财政部联合工信部、科技部、商务部、工商总局五部门印发了《关于支持开展小微企业创业创新基地城市示范工作的通知》,指出近年来,虽然政府财政针对支持小微企业发展的资金不断增加,但还存在着资金使用较为分散、仍以项目管理为主、支持政策传递距离长、"最后一公里"问题较为突出等现实障碍,因此出台的新政策将集中财政资金合力打造小微企业创业创新基地示范城市,给予每个城市6亿元或9亿元资金奖励,以地方政府为"两创示范"的责任主体,在三年示范期内,促进政府职能有效发挥,为"大众创业、万众创新"加油助力。此外,全国大学生创业示范园区也不断发展建设,中国(上海)创业者公共实训基地、天津青年创业园、杭州市大学生创业园、苏州博济科技创业园等示范园区将创业培训、实训见习、创业孵化等多项功能集于一身,为大学生创业实战提供了重要途径。

尽管近年来我国创新创业示范基地和创业孵化园区建设取得了快速的发展,但应该看到,目前各类双创示范和孵化工作存在着一些问题,例如:大学生创新创业孵化园跟风建设,缺乏符合本地特点与实际的创业定位与目标;一些创业孵化园建设完成后,没有典型的创业示范项目,甚至孵化园空置;相关配套服务功能不健全,管理机制不健全,导致孵化园的服务与管理工作难以满足创业者的需求;孵化园服务对象单一,缺乏与政府职能部门、企业、社会传媒的有效互动等,这些方面都有待继续完善。

7.1.3 培育开放进取的创业型大学

我国的创新与创业教育起步较晚,明显滞后于欧美国家。在建设创新型国家的进程中,需要显著提高自主创新能力,以创业创新带动中国经济的增长。因此,政府更应该持续地管制和支持创业教育,探索和建立创业型大学和学校。尽管当前部分高校的创业教育已经开始影响和指导创业活动,但我国整体的创业教育发展还不均衡,还需进一步优化创业教育的内外部环境,创新大学教育教学方式。

吉本斯等根据全球化背景下知识生产方式的变化，在《知识的新生产》(*The New Production of Knowledge*)一书中提出一种不同于以往"学科导向"的新的知识生产模式，即知识的生产应基于特殊的应用背景，它以跨学科、"问题导向"为逻辑，强调知识的实用价值。随着知识生产特点的变化，研究者的身份开始多重化，可能是科学家、项目管理者，也可能是社会活动家、企业家等，研究者逐步开始与专家共同体之外的角色融合，形成创业型科学家。大学的知识生产也呈现更为开放的特征，产生创业型科学共同体。他们越来越多地把目光转向了市场，兴趣也不再只是关注发表文章和同行的评审。一批研究型大学正是在创业型科学共同体的推动下不断变革。如麻省理工学院、斯坦福大学等，正以一个进取、开放、具有创业姿态的新范式发展，伯顿克拉克称之为"创业型大学"。创业型大学的典型特征就是与政府、产业加强合作，洞悉国家需求，解决产业难题。例如：1991 年，新加坡南洋理工大学与公共职业部(Public Works Department)合作建立地理技术研究中心(NTU—PWD Geotechnical Research Centre)，开展地理相关技术研发工程的研究。1999 年，与政府合作设立国防战略研究机构，服务本国国防事业。MIT 也与学校与企业、军方保持着密切的合作历史关系，并率先成立跨学科的研究中心，通过与政府、军方合作，成立了一批著名的科研实体、形成了新的学科专业、提升了科研实力，促进地区与产业的发展。目前在 MIT 成立的"企业执行中心"，已经与 2000 多个公司合作开展相关研究。创业型大学大多来源于研究型大学，典型代表包括宾夕法尼亚大学、麻省理工学院、斯坦福大学、加州理工学院、哥伦比亚大学、华盛顿大学、杜克大学等。这些学校均具有较高的科学研究能力和创业能力，善于利用自己的知识创新成果，通过原创性科技成果的转化、孵化、催生、兴办新的产业。可见，在创新与创业的时代背景下，创业型大学也成为新时代下知识生产模式创新的重要产物之一。

时下,借鉴国外发达国家创业型大学的发展经验,积极倡导和培育具有示范性和中国特色的创业型大学或创业型学院,鼓励大学的科研工作突破传统的"概念体系"的研究范围,迈入产业资本领域,更有效地实现大学的社会服务功能,已成为我国高教发展的当务之急。具体可以考虑:第一,教育主管部门进一步明确和提升创业的学科地位,如在部分高校尝试开办创业学科,建立创业教育博士学位项目,倡导将创新创业教育与特定的专业教育有机融合。第二,探索和完善符合我国各地实际的创新创业教育的教学模式。根据地区发展实际探索各具特色的创新创业教育重点,开展创新创业教育的课程研讨与设计活动,以培养学生创新精神、提高学生创新能力、促进学生综合素养为原则,搭建新型实用的创新创业教育课程体系,指导创新创业教育活动的开展。第三,针对当前我国各校开设的创新创业课程水平、内容、效果差距较大的现状,组织相关专家,对相关课程的设置依据、课程目标、组织实施、课程效果等进行指导与评价,促进学校提高课程活动的有效性,除了建立更为有效和实用的课程体系教育外,还应包括实践、模拟、体验等非课程体系教育。第四,加强创业教育师资队伍建设,通过培训、会议、国际合作、引入海外师资、建立兼职教师团队等途径提高创业教育课程的水平与效果。通过上述努力来进一步提升我国高校的创新创业教育的地位和水平。

7.1.4 营建宽容失败的创新型文化

创新就是要走前人没有走过的新路,在一条充满未知风险和挑战的新路上,遭遇失败在所难免,遭遇失败、经历失败并在失败中丰富经验、不断探索,这些都是通向成功的必由之路。历史上,爱迪生经历数千次的失败终于发明了白炽灯泡,诺贝尔在实验室中遭遇了爆炸事故才最终制成了安全炸药。这些历史上的著名例子都说明失败乃成功之母的哲理。同样,在当前建设创新型国家的过程中,鼓励大学生创新创业,也同样要允许失败、宽容失败、鼓励失败,特别是对探索性强、风险性高的创业活动,要切实首先营建出鼓励创造力迸发的创新型文化,这样创业者才能真正在勇于探索、大胆创新的环境中放下思想包袱,轻装上阵、全力以赴地投入到创新与创业活动中。

创新型文化的力量可以在 Isenberg 的《如何开展创业革命》一文中窥见一斑。文中指出爱尔兰和智利的创业经验说明,媒体的力量常常超乎想象,政府可以在不到一代人的时间内完全改变有关创业的社会观念,波多黎各国的最大日报上,每周都用一个整版来刊登各类创业成功的故事,为那些投身创业与有意创业的人们摇旗呐喊。利用媒体力量和创业明星的榜样力量,加深了公众对创业活动的关注、理解和支持,潜移默化中扭转了社会文化,促进了创业舆论环境的改善,这些都对大众创业至关重要。

伴随着我国创业政策体系的逐步形成与完善,政府也需要充分发挥各种舆论媒体的作用,宣传创新创业对国家竞争、经济发展和社会就业等的积极影响,传播各类典型的创业成功案例,引导与营建积极的创业舆论环境。还应通过舆论媒体等转变当前相当一部分人认为“鼓励创业是出于就业困难”的偏颇思想,介绍美国等发达国家大学生的创业取向和创业动机现状,让大学生和社会公众充分认识它们高创业率背后的深层原因与现实意义,学习他们“越是优秀的大学生越勇于创业”和“专注于所长”的探索精神,促进大学生创业意识的提高,促进我国整体创业活动的广泛开展和创业质量的提升。

7.2 从学校层面分析

7.2.1 开展多样化的创业教育活动

具体到学校创业教育层面来看，当前我国大学生接受创业教育的广度与深度均发生了显著的变化。调查数据显示我国 94.5% 的在校大学生都参与了一定程度的创业教育活动，其中 84.1% 参加过学校设置的创业课程教育活动，88.6% 的学生参加过各种形式的创业实践教育活动。随着创业教育活动的普及，教育形式也开始更加丰富和多样化，各类创业知识讲座、创业与职业生涯规划指导、成功创业者案例等形式多样的创业讲座在校园里经常可见。此外，创业竞赛、创业实训模拟、创业培训等活动也更加普及。从调查结果可以看出，近十年来，我国创业教育迅速发展，大学生接受创业教育的广度与深度均得到明显提升。

从校际之间的比较来看，不同高校的创业教育活动在普及程度、喜闻乐见程度、活动频次、教育效果等方面还差异巨大。例如，在陕西省的调研中发现，某校不仅设置了面向全校学生的创业教育课程、创业教育讲座，还专门成立了创业学院，已经基本构建起本科生的创业教育课程体系，面向不同年级的在校大学生开设了不同的创业教育课程和相关实践活动。调研中也发现，一些学校在创业教育方面投入的精力较少，尽管学校也开设了创业教育相关的课程，但是选修学生较少，影响力有效，学校组织了一些创业实践活动和讲座等，也没有受到在校大学生的充分重视。

尽管目前多数在校大学生都参与过不同类型的创业教育活动,但从分数比较来看,大学生创业实践教育环节的得分明显低于创业课程教育的得分,说明当前高校的创业教育主要还是以课程教育的形式为主,大学生在课程教育环节的参与程度更高,课程教育对学生的影响也相对较大。这主要是因为创业教育课程作为必修课或选修课,学生选学后,可以获得一定学分,从学习时间上也能较好地得到保障,而目前学校开设的创业教育实践活动,多为临时性、阶段性的活动,学校在能获取相关资源的时候才会组织安排,而学生也多凭兴趣且要在课程时间不冲突的情况下才能参加,因此相对于课程教育活动而言,创业实践教育活动的学生参与程度通常难以保证,整体状况并不乐观。

建议在未来创业教育改革中,充分关注当前创业教育形式略显单调、普及程度稍弱,高校开设的创业实践教育及组织的相关活动得不到广大学生充分关注等问题。高等学院一方面应当拓展创业教育课程的广度和深度,促进创业教育继续普及,进行课程形式和内容的革新,开发更多学生喜闻乐见的创业教育形式,增强其趣味性和实践性,吸引更多大学生参与。另一方面,高校还应进一步丰富创业教育课体系,充分借鉴美国麻省理工学院 MIT 创业中心、佐治亚理工学院等机构的成功经验,引进先进的课程模式,开设“创业实验室”“科技创业”“逆境管理”“创业营销”等高层次创业课程,使大学生充分学习创办企业的各个环节的知识,进一步深入创业学科研究与建设,构建层层递进的创业课程体系,让参与创业课程学习的大学生对创业知识的学习可以由入门逐渐走向精通。

7.2.2　鼓励学生大胆创新崇尚创业

伴随着地方政府陆续出台的创业扶持举措,教育部门也轰轰烈烈地组织了激发大学生创业的活动与课程,在校大学生的创业意愿明显提高。调查数据显示,当前在校大学生中有约2.8%对“毕业即创业”的观点表示认同,多数大学生对此观点表示否定。由此可见,在校大学生普遍具有比较理性的创业观点,能够认识到参加学校创业教育并不等同于鼓励大学生毕业之后立刻投入创业。与短期创业意愿相比,受调查的大学生的长期创业意愿水平相对较高,15.40%的大学生赞同毕业之后先就业,通过工作积累经验、资金及人脉,若干年后再择机进行创业的观点,其余的大学生均对该观点予以否定或不明确态度。可见与2000年前几乎鲜有大学生认可创业、投身创业相比,当前大学的创业教育已经发挥了积极的作用。但是也有统计数据指出,我国大学生的创业成功率介于2%至4%之间,而在欧洲和美国大学生创业成功率在20%左右。与此同时,在国内创业教育实施之初,实业界也提出与教育界存在分歧的看法与担忧,如:国内一些知名的企业家陆续“炮轰”鼓励大学生创业的做法,他们担心“创业明星”“盖茨神化”的经历会误导大学生决策、冲击大学教育。同时,也有媒体开始指责“由于遭受就业压力而盲目引导大学生创业”的做法,并质疑“学生老板”的创业行为是否是释放才华、实现梦想的理性决策,抑或是一时冲动、盲目随潮的后果?这些说明,虽然创业教育已经取得了一定的成效,但社会各界对于大学创业的精神实质还没有充分理解。

推广创业教育,其核心是传播、推广和践行创业教育的精神实质,即一种勇于开拓和创新的企业家精神,创业教育并不是简单的要鼓励每个学生都去当老板,而是引导学生从客观的角度了解和思考创业,培养他们的创新精神,将创新精神应用到更广泛的社会实践中去。因此,只有正视、理解创业教育的精神实质,才能够科学合理地组织创业教育活动。

鼓励创新创业，培养创新人才不仅需要高校在教育教学和人才培养过程中付诸努力，还需社会公众给予大学生创业及创业教育更多的关注与支持。因此，高校作为创业教育实施主体，应当与社会各级积极联动，让创业教育受到公众的关注。其次，还应树立和宣传机会型创业理念，宣传成功创业事例、总结经验与教训，为社会营造积极、健康的创业教育舆论氛围，使更多人了解创业、认同创业，建构“鼓励创业、接受失败”的创业文化。高校在宣传与普及创业教育的过程中，进一步激发大学生选择创业的信心；同时，让不了解创业的社会公众认识创业、理解创业，让大学生在亲友的支持下，信心满满地扬帆创新创业之旅。此外，研究表明参与社团活动频繁的大学生表现出较强的创业意愿，学校可组织更多形式多样、内容丰富、内容创新的社团活动，重点关注学术科技创新、发明创造活动、创新创业模拟、人际交往沟通、校企社会传媒等领域，通过社团活动培养大学生创新与创业意识，营造创新氛围，激发学生创意思维，提高沟通与执行能力，搭建创业桥梁，促使学生创业意愿的进一步提升，并为未来创业奠定良好的基础。

7.2.3　关注大学生创业的情感支持

研究结果发现，大学生的创业决策自我效能感整体水平偏低。受调查的大学生在创业决策自我效能感各个维度中的得分均值处于“基本无信心”和“不确定”之间，约 85.8% 的人对创业决策自我效能的认识不够明确。可见，目前大学生对于自主创业的信心程度较低，认为自己在创业职业决策的各方面能力欠佳。从不同分组情况来看，在有无参与社团活动经历、有无社会兼职与工作经历、有无实习与调研经历等不同分组下大学生的创业决策自我效能感均存在明显差异。具体表现为参与社团活动越频繁的大学生明显高于参与社团活动程度低的大学生;具有社会兼职和工作经验的大学生高于没有参加过社会兼职或其他工作经历的大学生;具有实习或调研经历的大学生高于没有参加过实习或调研的大学生。此外,数据调研分析结果可见,受调查的大学生整体主观规范水平较低,其中大部分学生主观规范水平得分为负值,意味着大学生普遍感受不到来自亲友对其创业行为的支持,反而在其有创业想法时,更多地感受到的是来自亲友的不理解、不支持甚至是阻挠,多数大学生还难以从父母、亲友那里获得情感支持和精神动力。

国内外已有的研究已经证明,创业教育能够显著增强大学生创业决策自我效能感和主观规范水平。从个体心理发展和心理变化的角度来看,大学生接受较多的创业教育,能够加深其对创业前景和创业收益的了解,使其在学习与实践中提升创业能力,从而激发其创业动机,增强其选择创业的信心和热情,并获得更多来自外部的支持;此外,创业教育还能使大学生认识到创业过程的困难与艰辛,结合自身情况进行对创业的认知重构,抑制不理性的创业冲动和不理智的创业意愿。因此,高校应当从大学生心理层面入手,对大学生进行创业心理指导,引导学生进行全面的自我认知和合理的创业评价,使大学生认识到自己在创业方面的优势与不足、了解外部支持对其创业选择的重要作用。在此基础上,激励大学生扬长补短,以良好的心态看待自己与他人创业,进一步实现创业意愿的提升。

7.2.4 完善学校创新创业教育体系

调研和数据分析结果可以看出,创业教育正向影响大学生创业意愿。这一点和大部分学者的研究结论一致,再次证实了创业教育对大学生创业意愿的促进作用。可见,接受越多的创业教育就越能提升大学生创业意愿。此外,从影响关系的强弱程度也可以看出,创业课程教育对创业意愿的影响要强于实践教育。根据分析与讨论,研究认为创业实践教育的影响力较弱主要归因于其实施程度及大学生参与程度较低。因此,高校继续完善创新与创业的课程体系,将会有效提升在校大学生的创业意愿;同时,高校还应有意识地加强并完善大学生创业教育实践环节,促进理论实践有效结合,发挥实践教育环节应有的影响作用。

创业教育对创业意愿的影响过程中,大学生的创业心理也发生了明显的改变。具体来说,创业教育活动影响或改变了大学生的创业决策自我效能感和主观规范水平,进一步对他们的创业意愿带来影响。调研发现,创业决策自我效能感在创业教育与创业意愿之间起到部分中介的作用,大学生通过创业教育能够有效提高个人创业决策自我效能感程度,而创业决策自我效能感的提升也对促进创业意愿具有显著的促进作用。接受越多的创业教育的大学生,将会产生更强的创业信心,进一步促进创业意愿产生。其中,创业决策自我效能感的“目标确定”“能力评价”“问题解决”等维度对中介效应最为显著。

大学生的主观规范水平是与创业教育和创业意愿显著相关的一个描述变量。主观规范在高校创业课程教育和大学生创业意愿之间具有中介作用,在高校创业实践教育和大学生创业意愿之间具有显著的调节作用。这一结果说明,大学生接受创业课程教育可以显著地正向影响学生的主观规范水平,通过对主观规范水平的改变,进一步促进他们创业意愿的提升。而在创业实践教育活动中,不同主观规范水平的个体,对待参加创业实践教育的态度、效果不同,进一步对创业意愿的影响也有所差异。因此,学校在完善创业课程教育的同时,还应根据学生创业主观规范水平的差异，提供不同的创业实践教育活动。高校应当开展更多创业相关的实践活动，鼓励更多学生参与校企共建创业训练，成立创业俱乐部等创业社团，并给予其适当的资金与政策支持。鼓励更多的大学生参与创业活动，为大学生提供锻炼机会，进而激发其创业信心、提升创业意愿。

7.3 局限与展望

创业教育的出现将个体与社会、经济更紧密地联系起来，成为经济社会与校园环境的桥梁。创业教育研究涉及学校教育体系构建、学生参与程度、社会支持理解、学生心理变化等多个方面，本报告的研究仅仅从划分创业教育类型入手，从学生心理感知和心理变化的视角进行了探索分析，除此之外，还有大量的研究探索工作需要继续展开，特别是近年来高校创业教育发展迅速、社会创新与创业环境变化明显，这些都需要研究者不断更新研究视角、追踪新的变化，完善研究设计，不断梳理创业教育活动的新特点、新趋势。

在研究设计方面，大学生的成长受到了多元因素的影响。除了创业教育以外，校园中的创业文化、朋辈参与创业活动的经历等，都会对大学生的创业意愿产生影响。不同院校校园文化不同，也会衍生出不同的创业文化。但在本调查中，由于各种条件所限，抽取各个院校的样本数不够均衡，并且未对各个院校之间大学生接受创业教育情况、创业教育意愿等问题进行比较与研究。如果能通过不同院校案例进行比对分析，可能会更好地解释研究结论。

在研究内容方面，创业教育对大学生主观规范的影响是通过大学生说服重要社会关系和外部创业环境影响公众创业认识两种途径实现的,如果在创业教育与主观规范之间引入创业文化等变量,可能会进一步揭示创业教育对大学生的主观规范的影响作用,丰富和坚实创业教育对大学生创业意愿研究的理论框架。

参考文献

[1] Acs Z. How is entrepreneurship good for economic growth? [J]. Innovations, 2006, 1(1):97 - 107.

[2] Ajzen I. The theory of planned behavior. Organizational Behavior and Human DecisionProcesses, 1991, 50(2), 179 - 211.

[3] Ajzen I, Fishbein M. Understanding attitudes and predicting social behavior. Englewood - Cliffs, NJ: Prentice - Hall, 1980.

[4] Ajzen I. From intentions to actions: A theory of planned behavior. Action Control: From cognition to behavior, 1985: 11 - 39.

[5] Ajzen I, Fishbein M. Understanding Attitudes and Predicting Social Behavior [M]. Englewood Cliffs, New Jersey: Prentice - Hall, 1980.

[6] Arenius P, Minniti M. Perceptual variables and nascent entrepreneurship [J]. Small business economics, 2005, 24(3):233 - 247.

[7] Atilhan Naktiyok. Canan Nur Karabey. Ali Caglar Gulluce. Entrepreneurial self - efficacy and entrepreneurial intention: the Turkish case[J]. Int Entrep Manag J, 2010(6): 419 - 435.

[8] Acs, Z. How is entrepreneurship good for economic growth? . Innovations, 2006, 2: 237 - 259.

[9] Armitage C J, Conner M. Efficacy of the theory of planned behaviour: A meta - analytic review[J]. British journal of social psychology, 2001, 40(4):471 - 499.

[10]Bandura A. Social Learning Theory[M]. NY:Prentice Hall. 1977:102 - 125.

[11]Bandura A. Self - efficacy[M]. NY:Freeman. 1997.

[12]Bandura A. Multidimensional scales of perceived self - efficacy[J]. Unpublished test,Stanford University,Stanford,CA,1990.

[13]Bandura A. Social cognitive theory:An agentic perspective[J]. Annual review of psychology,2001 (1):1 - 26.

[14]Bandura A. Social foundations of thought and action:A social cognitive theory [M]. NJ:Prentice - Hall,1986.

[15]Barbosa S D,Gerhardt M W,Kickul J R. The role of cognitive style and risk preference on entrepreneurial self - efficacy and entrepreneurial intentions[J]. Journal of Leadership & Organizational Studies,2007,13(4):86 - 104.

[16]Betz N E,Taylor K M. Manual for Career Decision - Making Self - Efficacy Scale [J]. Columbus,1994:4 - 23.

[17]Betz N E,Klein K L,Taylor K M. Evaluation of a short form of the career decision - making self - efficacy scale[J]. Journal of Career Assessment,1996,4(1):47 - 57.

[18]Béchard J P,Grégoire D. Entrepreneurship education research revisited:The case of higher education[J]. Academy of Management Learning & Education,2005,4(1): 22 - 43.

[19]Butler J S,Herring C. Ethnicity and entrepreneurship in America:Toward an explanation of racial and ethnic group variations in self - employment[J]. Sociological Perspectives,1991:79 - 94.

[20]Busenitz L W. Entrepreneurial risk and strategic decision making:it' s a matter of perspective [J]. Journal of applied behavioral science,1999(35):325 - 339.

[21]Bird Barbara J. Implementing Entrepreneurial Ideas:The Case for Intention [J]. The Academy of Management Review. 1988,13(3):442 - 453.

[22]Cox L W,Mueller S L,Moss S E. The impact of entrepreneurship education on entrepreneurial self - efficacy [J]. International Journal of Entrepreneurship Education, 2002,1(2):229 - 245.

[23]Chen C C,Greene P G,Crick A. Does entrepreneurial self - efficacy distinguish

entrepreneurs from managers? [J]. Journal of Business venturing,1998,13(4):295 - 316.

[24]Conner M,Armitage C J. Extending the theory of planned behavior:A review and avenues for further research. Journal of Applied Social Psychology. 1998(28):1429 - 1464.

[25]Conner M,Kirk S,Cade J,Barrett J. Why do women use dietary supplements? The use of the theory of planned behavior to explore beliefs about their use. Social Science and Medicine,2001,52:621 - 633.

[26]De Noble A,Jung D,Ehrlich S. Initiating New Ventures:The Role of Entrepreneurial Self - efficacy[C]. Paper presented at the Babson Research Conference. Babson College. Boston,1999.

[27] DeVellis R F. Scale Development Theory and Application. [M] London: SAGE,1991.

[28]De Vries H,Dijkstra M,Kuhlman P. Self - efficacy:The third factor besides attitude andsubjective norm as a predictor of behavioral intentions. Health Education Research, 1988,3:273 - 282.

[29]Daniel P,Forbes. The Effects of Strategic Decision Making on Entrepreneurial Self - Efficacy[J]. Entrepreneurship theory and practice,2005(5):559 - 577.

[30]Evans K R,Christiansen T,Gill J D. The impact of social influence and role expectations on shopping center patronage intentions[J]. Journal of the Academy of Marketing Science,1996,24(3):208 - 218.

[31]Forbes D P. The Effects of Strategic Decision Making on Entrepreneurial Self - Efficacy[J]. Entrepreneurship theory and practice,2005,29(5):599 - 626.

[32]Fishbein M,Ajzen I. Attitude - Behavior Relations:A Theoretical Analysis and Review of Empirical Research[J]. Psychological Bulletin,1977 (5):888 - 918.

[33]Grundstén H. Entrepreneurial intentions and the entrepreneurial environment [D]. Helsinki University of Technology,2004.

[34]Glenn R. Carroll and Olga M. Khessina. The ecology of entrepreneurship. Handbook of Entrepreneurship Research,2005.

[35]Harrison R T,Mason C M. Does gender matter? Women business angelsand the supply of entrepreneurial finance, Entrepreneurship Theory and Practice, 2007, 31 (3):

445 - 472.

[36] Hofstede G. Culture's consequences: International differences in work - related values[M]. Sage Publications, Incorporated, 1980.

[37] Holland J L, Holland J E. Vocational indecision: More evidence and speculation [J]. Journal of Counseling Psychology, 1977, 24(5): 404 - 413.

[38] Hee S P. Relationships among Attitudes and Subjective Norm: Testing the Theory of Reasoned Action across Cultures[J]. Communication Studies, 2000, 51(2): 162 - 175.

[39] Lüthje C, Franke N. The 'making' of an entrepreneur: testing a model of entrepreneurial intent among engineering students at MIT[J]. R&d Management, 2003, 33(2): 135 - 147.

[40] Li H, Li X, Yao X. Examining the impact of business entrepreneurship and innovation entrepreneurship on economic growth in China[J]. Economic research, 2009, 10: 99 - 108.

[41] Krueger Jr N F, Reilly M D, Carsrud A L. Competing models of entrepreneurial intentions[J]. Journal of business venturing, 2000, 15(5): 411 - 432.

[42] Kolvereid L. Prediction of Employment Status Choice Intentions} Entrepreneurship Theory and Practice. 1996, 21 (1): 47 - 57.

[43] Krueger N, Dickson PR. How Believing in Ourselves Increases Risk - taking - Perceived Self - efficacy and Opportunity Recogniton[J]. Decison Sciences, 1994(3): 385 - 400.

[44] Krueger N. The impact of prior entrepreneurial exposure on perceptions [J]. Entrepreneurship Theory and Practice, 1993(1): 1 - 5.

[45] Kickul J, Marlino D. Gender, Entrepreneurial Self-Efficacy, and Entrepreneurial Career Intentions: Implications for Entrepreneurship Education1[J]. Entrepreneurship theory and practice, 2007, 31(3): 387 - 406.

[46] Lent R W. A Social Cognitive View of Career Development and Counseling [J]. 2005: 101 - 127.

[47] Iakovleva T, Kolvereid L. An integrated model of entrepreneurial intentions [J]. International Journal of Business and Globalisation, 2009, 3(1): 66 - 80.

[48]Isenberg D. J. The big ideas:how to start an entrepreneurial revolution [J]. Harvard Business Review,2010,88(6):40 -50.

[49]Markman G D,Balkin D B,Baron R A. Inventors and New Venture Formation: the Effects of General Self - Efficacy and Regretful Thinking[J]. Entrepreneurship Theory and Practice,2002,27(2):149 - 165.

[50]Myers D G. Social Psychology[M]. NY:McGraw - Hill,2005:138 - 139.

[51]Martin RJ,Usdan S,Nelson S et al. Using the Theory of Planned Behavior to Predict Gambling Behavior[J]. Psychology of addictive behaviors,2010(03):89 -97.

[52]Mousa S,S M Kimiagar,M Shahbazi,et al. Assessing the impact of nutrition education on growth indices of Iranian nomadic children:an application of a modified beliefs, attitudes,subjective - norms and enabling - factors model[J]. British Journal of Nutrition, 2004(91):779 -787.

[53] Nishimura JS, Tristan OM. Using The Theory of Planned Behavior To Predict Nascent Entrepreneuship[J]. Acedemia - revista Latinoamericana De Administracion,2011 (6):55 -71.

[54]Nurul,Rokhima,Tur Nastiti. Underlying Factors of Entrepreneurial Intentions among Asian Students[J]. The South East Asian Journal of Management. 2010(2).

[55]Naktiyok A,Karabey C N,Gulluce A C. Entrepreneurial self - efficacy and entrepreneurial intention:the Turkish case[J]. International Entrepreneurship and Management Journal,2010,6(4):419 -435.

[56]Pajares F. Current directions in self - efficacy research[J]. Advances in motivation and achievement,1997(10):1 -49.

[57]Pihie L,Akmaliah Z. Entrepreneurship as a career choice:An analysis of entrepreneurial self - efficacy and intention of university students[J]. European journal of social sciences,2009,9(2):338 -349.

[58]Reynolds P D,Bosma N,Autio E. Global entrepreneurshipmonitor:Data collection design and implementation 1998 - 2003. Small Business Economics, 2005, 24 (5): 205 -231.

[59]Stam E,Wennberg K. The roles of R&D in new firm growth[J]. Small Business

Economics,2009,33(1):77 - 89.

[60]Sequeira J,Mueller S L,Mcgee J E. The influence of social ties and self - efficacy in forming entrepreneurial intentions and motivating nascent behavior[J]. Journal of Developmental Entrepreneurship,2007,12(03):275 - 293.

[61]Tkachev A,Kolvereid L. Self - employment intentions among Russian students [J]. Entrepreneurship & Regional Development,1999,11(3):269 - 280.

[62]Taylor K,Betz N. Applications of self efficacy theory to understanding the treatment of career indecision. Journal of Vocational Behavior,1983(22):63 - 81.

[63]Thompson E R. Individual entrepreneurial intent:Construct clarification and development of an internationally reliable metric [J]. Entrepreneurship Theory and Pratice. 2009(5):1042 - 2587.

[64]Webb N M. Peer interaction and learning in cooperative small groups[J]. Journal of educational psychology,1982,74(5):642.

[65]Wu S,Wu L. The impact of higher education on entrepreneurial intentions of university students in China[J]. Journal of Small Business and Enterprise Development. 2008 (15):752 - 775.

[66]Wang M,Chen C,Chang S,et al. Effect of Online Shopping Attitudes,Subjective Norms and Control Beliefs on Online Shopping Intentions:A Test of the Theory of Planned Behaviour[J]. International Journal of Management,2007,24(2):296.

[67]Wu S,Wu L. The impact of higher education on entrepreneurial intentions of university students in China[J]. Journal of Small Business and Enterprise Development. 2008 (15):752 - 775.

[68]Zhao H,Seibert S E. The mediating role of self - efficacy in the development of entrepreneurial intentions. Journal of Applied Psychology,2005,90:1265 - 1272.

[69]2015 年大学生创业英雄年度 10 强、年度 100 强名单公布[EB/OL]. 2016 - 07 - 13,http://xxgqt. youth. cn/sztzxd/tzb/201511/t20151118_7323446. htm.

[70]2016 大学生就业质量报告发布(全文)[EB/OL]. 2016 - 06 - 18,http://www. askci. com/news/chanye/20160518/1423292111_3. shtml.

[71]陈晖. 创业教育教学质量评价体系研究[J]. 中国高校科技,2011(11):

74 - 75.

[72]丁明磊,王春研. 企业家创业的关键认知因素——创业自我效能研究[J]. 管理现代化,2009(3):12 - 14.

[73]丁明磊,杨芳,王云峰等. 试析创业自我效能感及其对创业意向的影响[J]. 外国经济与管理,2009,31(5):1 - 7.

[74]福布斯中文网. 福布斯 2015 年中国 30 位 30 岁以下创业者[EB/OL]. 2015 - 03 - 16,http://edu. 163. com/15/0306/11/AK17GO6K00294MA1. html.

[75]范巍,王重鸣. 创业意愿维度结构的验证性因素分析[J]. 人类工效学,2006(12):14 - 16.

[76]郭洪,毛雨,白璇等. 大学创业教育对学生创业意愿的影响研究[J]. 软科学,2009,23(9):69 - 74.

[77]郭本禹,姜飞月. 自我效能理论及其应用[M]. 上海:上海教育出版社,2008.

[78]韩力争,傅宏. 大学生创业自我效能感量表的构建[J]. 南京师大学报(社会科学版),2009(1):113 - 118.

[79]胡晓风,姚文忠,金成林. 创业教育简论[J]. 四川师范大学学报,1989(4):1 - 8.

[80]广东 1407 个大学生创业项目跃上"中国青创版"[EB/OL]. 2016 - 05 - 31,http://qnzz. youth. cn/place/shengji/201605/t20160531_8064067. htm.

[81]高建设,罗志坚. 江西工业园区创业文化的形成与提升[J]. 求实,2010(3):46 - 48.

[82]辜胜阻,李俊杰. 区域创业文化与发展模式比较研究——以中关村、深圳和温州为案例[J]. 武汉大学学报(哲学社会科学版),2007,60(1):5 - 11.

[83]侯俊华,顾新华. 农民工返乡创业意愿的实证研究——基于江西调查数据[J]. 调研世界,2012(11):31 - 33.

[84]刘新学,吴地花. 影响学生职业决策自我效能感的因素分析[J]. 职教论坛,2012(31):75 - 77.

[85]刘万利,胡培,许昆鹏. 创业机会真能促进创业意愿产生吗——基于创业自我效能与感知风险的混合效应研究[J]. 南开管理评论,2011(5):83 - 90.

[86]李时椿,刘冠,刘震宇,等. 江苏高校创业教育调查与创新创业人才培养模式研究[J]. 中国青年科技,2008(1):43-46.

[87]李良成,张芳艳. 创业政策对大学生创业动力的影响实证研究[J]. 技术经济与管理研究 2012,(12):41-45.

[88]李集城. 基于效率视角的创业教育质量评价体系研究[J]. 科技管理研究,2012,32(15):145-149.

[89]李明章,代吉林. 我国大学创业教育效果评价——基于创业意向及创业胜任力的实证研究[J]. 国家教育行政学院学报,2011(5):79-85.

[90]李永强,白璇,毛雨等. 创业意愿影响因素研究综述[J]. 经济学动态,2008(02):81-83.

[91]李永强,白璇,毛雨等. 基于 TPB 模型的学生创业意愿影响因素分析[J]. 中国软科学,2008(5):122-128.

[92]李磊琼. 家庭因素对大学生职业决策自我效能及职业未决的作用[D]. 江西师范大学,2007.

[93]李璐. 创业文化、创业教育与大学生创业意愿关系研究[D]. 天津大学,2011.

[94]麦可思研究院,王伯庆,周凌波.2015 年中国高职高专生就业报告[M]. 北京:社会科学文献出版社,2015.

[95]毛雨,李永强,白璇等. 创业教育内容对学生创业意愿的影响[J]. 科学决策,2009(7):40-46,70.

[96]连城. 论大学生创业教育与创业课程的科学设置[J]. 教育探索,2009(3):134-135.

[97]梅伟惠. 美国高校创业教育[M]. 杭州:浙江教育出版社,2010:1.

[98]彭永新,龙立荣. 大学生职业决策自我效能测评的研究[J]. 应用心理学,2001(2):38-43.

[99]齐昕,刘家树. 大学生创业意愿影响因素研究——模型与实证[J]. 科技进步与对策,2011,28(16):151-155.

[100]钱永红. 创业意向影响因素研究[J]. 浙江大学学报(人文社会科学版),2007,37(4):144-152.

[101]钱永红. 女性创业意向与创业行为及其影响因素研究[D]. 浙江大学,2007.

[102]孙卫,梅红,王彩华,张伟绒. 中国大学生创业就业分析与对策[M]//西安交通大学中国管理问题研究中心,2012 中国社会管理发展报告. 北京:科学出版社,2012:135 – 151.

[103]孙蕾,庄娱乐. 关于高校学生自主创业意愿的实证分析[J]. 现代教育管理,2009(2):114 – 117.

[104]沈超红,彭巍. 国外创业环境研究内容分析[J]. 湖南大学学报(社会科学版),2010,24(1):30 – 33.

[105]首届中国"互联网 +"大学生创新创业大赛闭幕[EB/OL]. 2016 – 07 – 13, http://cy. ncss. org. cn/CYDS_BUSINESS_DYNAMIC/information/291839. html.

[106]首期"创客我最型"大学生创业项目对接活动将于 1 月 18—20 日在义务举行[EB/OL]. 2016 – 07 – 13http://cy. ncss. org. cn/CYDS_BUSINESS_DYNAMIC/information/291844. html.

[107]单汨源,黄婧,彭丹旎等. 基于 TPB 理论的项目成员知识共享行为研究[J]. 科技管理研究,2009(7):443 – 444,450.

[108]唐静,朱智广. 创业教育对大学生创业影响的实证研究——以广州大学城十所高校为例[J]. 常州大学学报(社会科学版),2010,11(3):95 – 99.

[109]腾讯教育. 麦可思发布 2011 就业蓝皮书. 2011 – 6 – 9. http://edu. qq. com/zt2011/2011jy/.

[110]吴凌菲,吴泗宗. 文化环境与创业过程的关系[J]. 经济管理,2007(13):76 – 80.

[111]武汉市政府就业管理办公室. 武汉首发高校毕业生就业白皮书,非失业率近 9 成. 2011 – 7 – 5. http://www. china. com. cn/education/2011 – 07/05/content_22926977. htm.

[112]文亮,刘炼春,何善. 创业政策与创业绩效关系的实证研究[J]. 学术论坛,2011,34(12):128 – 131,168.

[113]翁细金,夏春雨. 高校校园创业文化建设研究[J]. 中国高教研究,2011,(1).

[114]吴明隆. 问卷统计分析实务——SPSS 操作与应用[M]. 重庆:重庆大学出

版社,2009:15.

[115]王坤,李耘涛. 资源禀赋中介效应下的创业教育与创业意愿关系研究[J]. 武汉理工大学学报(社会科学版),2012(2):189-193.

[116]王满四,李楚英. 基于六因素模型的大学生创业意愿影响因素分析——来自广州的调查[J]. 广州大学学报(自然科学版),2011,10(1):90-95.

[117]王勍. 主观规范、风险知觉与青少年网上购物意向的关系[D]. 中国人民大学,2009.

[118]汪姣. 大学生创业教育与创业意向的关系:创业自我效能感的中介作用[D]. 山东师范大学,2012.

[119]吴凡. 基于计划行为理论的创业意愿激励要素及交互效应研究[D]. 上海交通大学,2011.

[120]熊智伟,王征兵. 农民工返乡创业意愿影响因素实证研究——基于江西省262名返乡创业农民工的调查数据[J]. 统计与信息论坛,2011,26(11):103-108.

[121]杨悦. 毕业后,你准备创业吗[J]. 成才与就业,2008(22).

[122]杨斌艳. 网络群体事件中网民的心理分析[J]. 网络传播,2009(009):32-33.

[123]姚艳虹,罗焱. 旅游者目的地选择的TPB模型与分析[J]. 旅游科学,2006(5):20-25.

[124]姚增福,郑少锋. 种植大户生产行为意愿影响因素分析——基于TPB理论和黑龙江省378户微观调查数据[J]. 农业技术经济,2010(8):27-34.

[125]叶映华. 大学生创业意愿影响因素研究[J]. 教育研究,2009(4):73-77.

[126]张婷. 蒂蒙斯创业教育思想初探[J]. 当代教育论坛,2007,6(5):53-55.

[127]仲伟伫,王亚平,王丽平等. 创业文化对创业者创业动机影响的实证研究[J]. 科学学与科学技术管理,2012,33(9):160-170.

[128]郑颖,赵冬梅. 本科院校创业课程设置刍议[J]. 河北师范大学学报(教育科学版),2009,11(12):45-48.

[129]张利利. 青岛市新生代农民工回乡创业意愿和影响因素实证研究[D]. 青岛:中国海洋大学,2012.

[130]朱红根. 外部环境与农民工返乡创业意愿关系的实证分析——基于江西

省1145个农民工样本调查数据[J]. 经济问题探索,2011(6):59-64.

[131]朱园飞. 基于计划行为理论对网上购物消费者持续购买意向的研究[D]. 上海师范大学,2010.

[132]张敏. 大学生情绪智力、创业自我效能感与创业意愿的关系研究[D]. 河南大学,2011.

[133]中华人民共和国国家质量监督检验检疫总局、中国国家标准化管理委员会. 中华人民共和国国家标准学科分类与代码(GB/T13745-2009)[S]. 北京:中国标准出版社,2009.

附录1:访谈提纲

半结构化访谈提纲:

1. 您是否有创业经验? 周围是否有创业的同学?

2. 您是否设想过将来创业? 您想创业的最主要原因有哪些?

3. 毕业即开始创业与毕业若干年后再创业,您更倾向于哪种?

4. 您认为哪些因素最能影响人们产生创业的意愿?

5. 您希望学校能够提供哪些形式和内容的创业教育?

6. 目前很多高校已开设了一些创业教育课程并举办了相关活动,如开设课程、开办讲座、组织实习、成立俱乐部、设立论坛等。哪种方式更喜闻乐见?

7. 您对将来创业是否具有信心? 您的创业意愿是否在很大程度上源于这种信心?

8. 亲人与朋友是否支持您创业? 您认为亲人和朋友对自己创业的态度是否重要?

9. 创业教育是否会对您的家人和朋友产生影响,改变他们对大学生创业的态度?

10. 除了以上谈到的问题,您认为还有哪些因素也会促使个体更愿意去选择创业?

附录2:大学生创业问题调查问卷

亲爱的同学:

您好！这份调查旨在了解大学生对创业的认识与看法,为完善高校创业教育提供参考。本调查仅作研究之用,问卷不记名、不公开,请放心作答。问卷包括四个部分,请在适当位置作答或画上√。答案没有对错之分,填写约需要10分钟,感谢支持!

西安交通大学·创业研究项目组

2013年

个人信息。请在适当的位置填写有关资料或在相应选项上打√。

1. 您的性别:□A 男　　　　□B 女

2. 您的籍贯:____________省____________市

3. 您所在的高校:_________________________

4. 您所学的专业类别:

□A 管理学　　□B 经济学　　□C 法学　　□D 理学

□E 工学　　□F 农学　　□G 艺术学　　□H 教育学

□I 哲学/文学/历史学　　□J 医学

5. 您目前所处学习阶段:□A 本科应届毕业生　□B 研究生应届毕业生　□C 其他

6. 您在校期间参加社团等课外活动的情况：

□A 从未参加过　□B 很少参加　□C 偶尔参加

□D 有时参加　□E 经常参加

7. 您是否有兼职、工作经验：　□A 是　□B 否

8. 您是否有实习、调研经验：　□A 是　□B 否

第一部分

以下题项欲了解您接受创业教育情况，请在题项后的方框内打√或在相应位置填写。

1. 您在校期间参与创业相关实践的情况：
   □A 从未参加过　□B 很少参加　□C 偶尔参加　□D 有时参加
   □E 经常参加
2. 您在校期间学习创业相关课程的情况：
   □A 从未学习过　□B 仅有所接触　□C 较少学习过　□D 基本学习过
   □E 较多学习过

3. 您参加过以下类型的创业相关活动吗？了解程度如何？ 请根据真实感受作答，并在适当数字上打√。	是	否	完全不了解	很少了解	不确定	比较了解	十分了解
(1)参加由创业成功人士或专家讲座			1	2	3	4	5
(2)到学校的创业指导机构咨询			1	2	3	4	5
(3)参观校企共建创业实践基地			1	2	3	4	5
(4)参加创业社会调研			1	2	3	4	5
(5)参与大学生创业社团活动			1	2	3	4	5
(6)参加创业竞赛赛前培训			1	2	3	4	5
(7)参加各级各类创业竞赛			1	2	3	4	5
(8)申请大学生创业基金			1	2	3	4	5

续表

4. 您是否学习过以下创业教育课程？了解程度如何？ 请根据真实感受作答，并在适当数字上打√。	是	否	完全不了解	很少了解	不确定	比较了解	十分了解
（1）职业生涯发展相关课程（如职业生涯规划、就业指导等）			1	2	3	4	5
（2）创业指导相关课程（如大学生创业指导等）			1	2	3	4	5
（3）创业基础课程（如创业基础、创业管理、创业学等）			1	2	3	4	5
（4）创业机会识别相关课程（如创业商机与项目选择等）			1	2	3	4	5
（5）创业计划书撰写相关课程			1	2	3	4	5
（6）创业资金筹集相关课程（如创业融资、创业资金筹集等）			1	2	3	4	5
（7）创业政策法规课程（如工商法规、税务法规等）			1	2	3	4	5
（8）申请大学生创业基金			1	2	3	4	5

第二部分

以下问题是关于您对大学生创业的心态与看法的题项，请根据真实感受作答，并在适当数字上打√。	完全不同意	不太同意	不确定	比较同意	完全同意
（1）我打算在毕业之后马上开始创业。	1	2	3	4	5
（2）我打算毕业后先就业，若干年后再创业。	1	2	3	4	5
（3）我愿意在生活中寻找创业机会。	1	2	3	4	5
（4）我愿意花时间去了解更多的相关创业知识。	1	2	3	4	5

第三部分

以下题项欲了解您对以下创业观点是否具有信心,请根据真实感受作答,在适当数字上打√。	完全无信心	基本无信心	不确定	基本有信心	完全有信心
(1)我能确定创业就是我最理想的职业选择。	1	2	3	4	5
(2)我确信创业对我来说是有价值的。	1	2	3	4	5
(3)我确信选择创业是符合我的兴趣爱好的。	1	2	3	4	5
(4)我能通过与他人协商来获取创业支持。	1	2	3	4	5
(5)我认为自己具备一定创业能力。	1	2	3	4	5
(6)我能在日常生活中发掘创业机会。	1	2	3	4	5
(7)我能够影响周围的人们,使其支持或参与我的创业计划。	1	2	3	4	5
(8)我能营造出一种鼓励创新的学习和工作氛围。	1	2	3	4	5
(9)我能依靠团队协作能力组建创业团队。	1	2	3	4	5
(10)我能获知创业领域当前的基本情况与发展前景。	1	2	3	4	5
(11)我能获知进行从事创业需面对的具体事务。	1	2	3	4	5
(12)我能获知所学专业领域的创业现状与前景。	1	2	3	4	5
(13)我确信创业能够带来良好的经济收益。	1	2	3	4	5
(14)我能够获知与创业相关的教育培训信息。	1	2	3	4	5
(15)我能为实现创业目标而制定规划。	1	2	3	4	5
(16)我能为完成创业规划而制定具体的行动步骤。	1	2	3	4	5
(17)我能积累与创业相关的工作和实践经验。	1	2	3	4	5

续表

(18)我确定要为今后创业去参加相关的学习与培训。	1	2	3	4	5
(19)我清楚自己在未来的 5—10 年的职业规划。	1	2	3	4	5
(20)我能习得更多有助于创业的知识与技能。	1	2	3	4	5
(21)当我灰心丧气时,我仍能坚持为自己的职业目标去努力。	1	2	3	4	5
(22)我能通过多种方式解决创业中遇到的经济困难。	1	2	3	4	5
(23)即使父母反对,我将来仍然会选择创业。	1	2	3	4	5
(24)如果在创业过程中我的正当权益受到侵害,我会利用法律法规进行维权。	1	2	3	4	5
(25)即使社会经济状况并不乐观,我仍会选择进行创业。	1	2	3	4	5
(26)即使面对挫折与他人的负面评价,我仍能积极地工作和学习,为以后创业做好准备。	1	2	3	4	5

第四部分

1. 您的家人会对您选择创业怎么看?

□A 坚决反对　□B 反对　□C 不确定　□D 比较支持

□E 大力支持

2. 您的好友会对您选择创业怎么看?

□A 坚决反对　□B 反对　□C 不确定　D□比较支持

□E 大力支持

3. 在思考是否选择创业时,您认为家人的看法是否重要?

□A 非常不重要　□B 不重要　□C 重要　D□比较重要

□E 非常重要

4. 在思考是否选择创业时,您认为好友的看法是否重要?

□A 非常不重要　　□B 不重要　　□C 重要　　D□比较重要

□E 非常重要

* * * * * * * * * * 问卷结束,感谢您的合作 * * * * * * * * *

后　记

本书是在国家自然科学基金项目“创业教育对创业意愿的影响机制——基于TPB理论模型改进与动态边界分析的实证研究”(项目编号71103142)的基础上完成的。2009年我获得博士学位后,宋晓平教授敏锐地关注到创业教育研究的重要性和地位,鼓励我参与这一领域的研究并积极申报国家科学研究支持项目。2011年,在宋晓平教授、吴建南教授的指导帮助下,研究计划得到国家自然科学基金资助。2012年开始,我和研究生张伟绒等开始进行中国高校创业教育研究,期间,美国佛罗里达州立大学的胡寿平教授就研究内容和数据结果与作者进行了充分讨论,本书即是在此基础上成稿的。

该书由梅红副教授、宋晓平教授负责整体策划和内容审定,梅红负责书稿的具体撰写工作。图书的第一章由梅红、宋晓平撰写,第二章主要由梅红、张伟绒、宋晓平、孙卫、王彩华撰写,第三章、第四章主要由张伟绒撰写,第五章主要由张伟绒、梅红撰写,第六章、第七章主要由梅红、张伟绒、宋晓平撰写。全书由梅红审核定稿,书中涉及的数据分析主要由张伟绒、梅红完成。研究生宋倩楠、伍箴秀在图表数据更新、文字整理中承担了部分工作。

中联华文张金良先生在时间紧迫的情况下完成了图书设计和校稿。

由于时间、资料以及个人学识水平所限,难免粗疏,欢迎读者批评完善。

梅红,于西安交通大学

2016年8月18日